Alexander Demandt

Ungeschehene Geschichte

Ein Traktat über die Frage:
Was wäre geschehen, wenn ...?

3., erweiterte Auflage

W0083612

V&R

VANDENHOECK & RUPRECHT

Die Deutsche Bibliothek – CIP-Einheitsaufnahme

Demandt, Alexander :
Ungeschehene Geschichte : ein Traktat über die Frage: Was wäre gesche-
hen, wenn ...? / Alexander Demandt. – 3., erw. Aufl. –
Göttingen : Vandenhoeck und Ruprecht, 2001
(Kleine Reihe V & R ; 4022)
ISBN 3-525-34022-2

KLEINE REIHE V & R 4022

© 2001, Vandenhoeck & Ruprecht in Göttingen.
Internet: http://www.vandenhoeck-ruprecht.de
Alle Rechte vorbehalten. Das Werk einschließlich aller seiner Teile ist
urheberrechtlich geschützt. Jede Verwertung außerhalb der engen Grenzen
des Urheberrechtsgesetzes ist ohne Zustimmung des Verlages unzulässig
und strafbar. Das gilt insbesondere für Vervielfältigungen, Übersetzungen,
Mikroverfilmungen und die Einspeicherung und Verarbeitung in elektroni-
schen Systemen. Printed in Germany.
Umschlag: Jürgen Kochinke, Holle
Schrift: Mirage regular
Satz: Competext, Heidenrod
Druck und Bindung: Hubert & Co., Göttingen

Inhalt

Jacob Burckhardt (1818–1897), Kultur-
und Kunsthistoriker, lehrte 1858 bis
1893 Geschichte, später auch Kunstge-
schichte in Basel. Seine Bücher »Die
Zeit Constantins des Großen« 1853/
1880 und »Griechische Kulturgeschichte I-V« 1889/1902 sind Standardwer-
ke; seine »Weltgeschichtlichen Betrachtungen« von 1868, 12. Auflage 1978,
führen ein in das historische Denken.

© Bildarchiv Preussischer Kulturbesitz,
Berlin, 1999

Das Fehlen historischer Zeitpunkte

Eine historische Tat, die durch irgendwen
(Etwa Hannibal, Karl V. oder Prinz Eugen)
Nie geschehn
(Es ist dies allgemeiner,
Als man glaubt, nur weiß es keiner),
Die also blieb ohne Ort und Datum,
Weder ›ante‹ noch ›post Christum natum‹;
Der betreffende Tag, sagen wir, der 2. Mai,
Und die diesbezügliche Stätte blieben frei.
Und dennoch hat an dessen Statt
Das Buch der Geschichte kein leeres Blatt.
(Nur Studienrat Dr. W., mit Gespür, unterbricht
An solchen Stellen schweigend den Unterricht.)

O. H. Kühner

Vorwort

Die vorliegenden Überlegungen sind der methodische Ertrag eines Seminars, das ich im Wintersemester 1983/84 zusammen mit meinem geschätzten Kollegen Hagen Schulze am Friedrich-Meinecke-Institut der Freien Universität Berlin gehalten habe. Abgesehen von einer Einführung und einem Rückblick haben wir eine Reihe von Entscheidungssituationen in chronologischer Folge durchgespielt, ähnlich wie sie im 5. Abschnitt dieses Traktats besprochen sind. Die einzelnen Arbeitsgruppen begannen jeweils mit einer Situationsanalyse und entwickelten aus ihr mehrere denkbare Alternativen zur geschehenen Geschichte. Sie wurden kontrovers erörtert. Als Gäste haben an den sie fachlich jeweils betreffenden Sitzungen teilgenommen Hubertus v. Gall, Helmuth Schneider, Klaus Brisch, Manfred Goertemaker und Ossip Flechtheim. Im Hinblick auf das Niveau der Diskussion, den Kenntnisstand und den Einfallsreichtum der Studenten war das Seminar für mich ein geistiges Ereignis.

Ich widme die Schrift meinem Vater Karl Ernst Demandt zu seinem 75. Geburtstag. Wenn sie nicht so ausgereift ist, wie seine Schriften zur hessischen Landesgeschichte es sind, so mag er mir den ersten Versuch in einer ungewohnten Thematik zugute halten, so wie Sir Francis Bacon in seinem »Essay of Innovations« bemerkt: *As the births of living creatures at first are ill shapen, so are all innovations, which are the births of time.*

Lindheim, 6. April 1984   Alexander Demandt

»Es gibt keinen, noch so unbedarften Schreiber, der nicht doch seinen geistesverwandten Leser fände.« *Nullus tam imperitus scriptor est, qui lectorem non inveniat similem sui.* Dieses Wort aus dem Jesajas-Kommentar des Hieronymus hat sich an meinem Büchlein bestätigt. Ein unerwartet großes und unverdient freundliches Echo aus der Leserschaft erlaubt es, eine zweite und, wie ich hoffe, gereiftere Auflage herauszubringen. Sie ist um einige Beispiele und Gedanken erweitert. Manches habe ich auch streichen müssen. Es sind Fälle, die nicht recht paßten, und Formulierungen, die ich selbst nicht mehr verstehe.

Zahlreiche Zuschriften haben mich auf Berichtigungs- und Ergänzungsmöglichkeiten verwiesen, von denen ich dankbar Gebrauch mache.

Mehrere wohlwollende Besprechungen sind erschienen, darunter die von Joachim Günther (Was wäre geschehen, wenn ...? Ein Berliner Gedankenspiel. Der Tagesspiegel 18.XI.1984) bzw. J. Siering (Neue Deutsche Hefte 184, 1984, 855ff.), F. Schirrmacher (Der Historiker als Glücksritter. Frankfurter Allgemeine Zeitung 24.XI.1984), Arnulf Baring (Vielleicht wären wir alle Buddhisten. Die Zeit 29.III.1985), sowie die Sendungen im Rias Berlin (24.I.1985, W. Kirchner) und im Westdeutschen Rundfunk (20.III.1985, P. Coulmas). Die Rezensenten teilen offenbar nicht die Bedenken des Berliner Wissenschaftlichen Landesprüfungsamtes, das die den Studenten des Seminars von 1983/84 ausgestellten Scheine nicht anzuerkennen gewillt ist. Erstlinge werden geopfert.

Ich widme diese zweite Auflage meiner Mutter Ingeborg Demandt, geborener Angerer, nun zu ihrem 75. Geburtstag am 25. Dezember 1985. Sie zählt sich zu jenen Menschen, *who like to lay down the historybook, and to speculate upon what might have happened in the world.* Und sie findet das mit William Makepeace Thackeray (Vanity Fair ch. 28) *a most puzzling, amusing, ingenious, and profitable kind of meditation.* Der Apfel fällt nicht weit vom Stamm.

Lindheim, 17. August 1985   A.D.

Wenn Schiller Recht hat mit der Behauptung, Kultur entfalte sich im Spiel, dann gilt dies in irgend einer Weise auch für die Wissenschaft. Neben dem planmäßigen Arbeiten nach bewährten Methoden erlaubt, ja fordert sie den spielerischen Umgang mit Möglichkeiten: das Denkspiel, dessen Regeln erst gefunden werden müssen, das Experiment, dessen Ausgang ungewiß ist. Im erfolgreichen Falle erschließt es neue Forschungsbereiche, die ergiebiger als die gewohnten alten sind. Wer Neuland sucht, muß Abschied nehmen.

Das Nachdenken über unverwirklichte Möglichkeiten in der Geschichte ist so alt wie diese selbst. Wenn Krösus den Halys nicht überschritten hätte, dann hätte er sein großes Reich nicht zerstört, heißt es bei Herodot. Wenn sich Nikias nicht durch die Mondfinsternis hätte verwirren lassen, dann wäre das Heer der Athener in Sizilien gerettet worden, schrieb Thukydides. Wenn Solon sein Atlantis-Epos verfaßt hätte, dann hätte er Homer und Hesiod in den Schatten gestellt, meinte Platon. Auch in der Neuzeit haben namhafte Historiker, zumal in der angelsächsischen Welt, Gedanken über Ungeschehenes niedergeschrieben, obschon immer wieder dagegen Einspruch erhoben wurde, weil es dafür kein wissenschaftliches Verfahren gebe und darum gesicherte Erkenntnisse nicht zu erzielen seien. So blieben Mutmaßungen über Verhindertes, Unterbliebenes, Versäumtes mit dem Makel des Willkürlichen behaftet und wurden allenfalls mit schlechtem Gewissen unter vorgehaltener Hand geäußert.

Diesen Schwebezustand zu beenden, war das Anliegen meines 1984 zuerst, 1986 in zweiter Auflage erschienenen Büchleins. Es sollte zeigen, daß Überlegungen zu Ungeschehenem statthaft, begründbar und notwendig sind. Das Echo war ebenso unerwartet wie erfreulich. Die wohlwollende Aufnahme durch das Publikum läßt darauf schließen, daß die *What-If-School of Historical Studies* auch diesseits des Kanals akzeptiert wird.

An weiteren, namentlich gezeichneten Rezensionen sind mir bekannt geworden: P. Burg, in: Das Historisch Politische Buch 33, 1985, 67; E. Richter, in: Geschichte, Politik und ihre Didaktik 13, 1985, 247; W. Ripper, in: Informationen für den Geschichts- und Gemeinschaftskundelehrer 29, 1985; J. Boeckh, Es gab Alternativen, in:

Quatember 50, 1986; E. Schulin, in: Historische Zeitschrift 242, 1986, 110-111; K. Irmschler, in: Zeitschrift für Geschichte 85, 1987, Sp. 1118-1119.

Nachdem die ersten beiden Auflagen vergriffen waren, erschien 1993 die von Colin D. Thomson übersetzte amerikanische Fassung als gebundenes Buch bei McFarland & Company in Jefferson, North Carolina, unter dem Titel »History That Never Happened. A Treatise on the Question, What Would Have Happened If ...?« Ich nutzte die Gelegenheit zu Erweiterungen und Berichtigungen, die nun auch in die vorliegende Ausgabe eingegangen sind. Darüber hinausgehend habe ich manches dem gegenwärtigen Wissensstand angepaßt. Meine Fehlprognosen von 1984/85 lasse ich – wenn auch nicht unkommentiert – bewußt stehen. Wie könnten wir aus Irrtümern lernen, wenn keine mehr begangen oder die begangenen kaschiert würden?

In dem Seminar, aus dem das vorliegende Buch erwachsen ist, wurde am 7. Februar 1984 den Studenten die Aufgabe gestellt, in einem maximal dreiseitigen Text ein Bild der Welt im Jahre 2000 zu entwerfen. Die von den Teilnehmern gesetzten Schwerpunkte unterschieden sich, aber in der Richtung des Erwarteten bestand weitgehend Einigkeit:

Im Universitätsleben rechneten die Studenten mit einer übereilten Verjüngung des Lehrkörpers nach dem gleichzeitigen Ausscheiden der zahlreichen Professoren, die in den Dreißiger Jahren geboren wurden. Für die Geisteswissenschaften prognostizierten sie eine fortschreitende Spezialisierung mit der Folge einer Selbstisolierung gegen die Gesellschaft durch Insider-Jargon und marginale Themen. Beide Erwartungen haben sich nicht erfüllt: Streichung von Lehrstühlen hemmt die Verjüngung; die Bücher der Historiker aber sind wieder lesbar.

Innenpolitisch befürchteten die Teilnehmer wachsende Suchtprobleme und zunehmenden Einfluß von Sekten und esoterischen Zirkeln. Diese Besorgnis war begründet, aber übertrieben. Die Zukunft der beiden großen Parteien stand für alle außer Frage; ihre Programme aber würden immer ähnlicher. Die Grünen indes seien im Jahr 2000 »domestiziert«, die Friedensbewegung verpufft. Nicht ganz falsch. Eine Minderheit sagte große Umweltkatastrophen voraus; die Mehrzahl war, von der Erwartung kleinerer Unfälle abgesehen, optimistisch: Man werde die Wald- und Wasserschäden in den

Griff bekommen. Bleifrei Tanken sei dann selbstverständlich, Plastikverpackung verpönt, die Atomindustrie gehöre wegen der Unfallgefahr und der Entsorgungsschwierigkeit der Vergangenheit an. Diese Annahmen waren voreilig

Zuversicht dominierte in der Frage der Arbeitslosigkeit, durch Arbeitszeitverkürzung sei sie zu beheben. Prinzipiell ginge das wohl, doch nicht ohne Beistand der Politik. Berechtigter Pessimismus herrschte hinsichtlich der Finanzierung der Renten und der Sozialfürsorge.

Übereinstimmend und hellsichtig erwartete man den Aufschwung der Elektronik; Heimcomputer, die alles an den »Schreibtisch« liefern, und Video-Telefone seien 2000 allgegenwärtig. Ersteres ja, letzteres nein. Eine expandierende Bürokratie werde jeden erfassen; Orwells »1984« wurde auf 2000 verschoben. Die neuen Mächte: Technokraten und Konzernchefs wiesen der Politik den Weg. Der genetisch programmierte Mensch lasse auf sich warten, aber rot-grüngestreifte Kartoffeln seien für Gourmets im Angebot. Die Menschen würden kränker, aber älter und stürben in humaner Form. Tun sie das?

Der unvermeidliche Rückzug der Supermächte, so die Meinung der meisten, befördere die Einigung Europas. Dies geschah. Die Einwanderung aus der Dritten Welt nähere sich um 2000 dem Höhepunkt, Europas Kultur werde bunter. In der Dritten Welt wüchse das Massenelend, die Verschuldung und der Fundamentalismus; der Islam und China würden sich bemerkbar machen.

Der Ost-West-Gegensatz und das Wettrüsten wurden nur von wenigen Studenten fortgeschrieben. Diese allerdings zogen Killersatelliten und Atomtod in Betracht. Die Mehrheit rechnete hingegen mit einer Konvergenz: In der Sowjetunion sei 2000 die Hoffnung auf die Weltrevolution vorbei, man setze auf Pragmatik und laboriere an inneren Problemen. Ebenso die USA, die jedoch weltweit militärisch intervenierten, wenn ihre Rohstoff-Quellen bedroht seien. Kriegsverdächtige Region war der Nahe Osten, auch Atomwaffeneinsatz wäre dort zu befürchten

Weltpolitisches Hauptproblem war für unsere Studenten das Nord-Süd-Gefälle, hier staue sich etwas an. An einen Zusammenbruch des Kommunismus dachte keiner. Die deutsche Frage schließlich war nur für wenige ein Thema. Einer sagte eine West-Mauer voraus gegen die Überflutung durch Ostflüchtlinge. Die Wiedervereinigung wurde, so sie überhaupt zur Sprache kam, definitiv ausgeschlossen.

Geschichte im Konjunktiv findet Resonanz. 1994 organisierte Michael Salewski auf dem Leipziger Historiker-Tag eine Sektion unter dem Titel »Alternativ- und Parallelgeschichte«. Daraus ist ein kürzlich erschienenes, von ihm herausgegebenes Buch erwachsen: »Was Wäre Wenn«. Es ist in die Ergänzungen zum Literaturverzeichnis aufgenommen (s.u.). Der Ertrag einer im Januar 2000 von Kai Brodersen in Mannheim organisierten Tagung soll im Primus-Verlag Darmstadt unter dem Titel »Virtuelle Antike – Wendepunkte der Alten Geschichte« erscheinen. Dort wurde 1999 auch der Sammelband von Niall Ferguson (Hg.), Virtuelle Geschichte. Historische Alternativen im 20. Jahrhundert (1997) auf Deutsch publiziert. Titel von Hawthorn (1991) und Cowley (1997 und 1999) belegen das Interesse in der englischsprachigen Welt. Viele Hinweise und Anregungen durch Freunde und Kollegen sind dem Text zugute gekommen. Ich danke ihnen allen, nicht zuletzt Peter Robert Franke aus München für die poetische Bereicherung zu Studienrat Dr. W.

Unvergeßlich sind mir die Gespräche, die ich noch im September 1994 mit Richard Krautheimer in Rom über ungeschehene Geschichte führen durfte. Als sein Gast in der Villa Zuccari über der Spanischen Treppe erfuhr ich von ihm Belehrung, Anregung und Ermunterung, die Thematik zu vertiefen – die Fragestellung war ihm wohlvertraut. Trotz seines biblischen Alters hatte sich der große Gelehrte der römischen Spätantike seinen blitzenden Geist bewahrt. Seinem Andenken sei die dritte Auflage meines Büchleins gewidmet.

Lindheim, Pfingsten 2000   Alexander Demandt

1. Einwände

Geschichte ist die Wissenschaft dessen, was da ist,
nicht dessen, was nach geheimen Absichten
des Schicksals etwa wohl sein könnte.

Herder

»Die Frage: ›Was wäre geschehen, wenn das und das nicht eingetreten wäre?‹ wird fast einstimmig abgelehnt, und doch ist sie gerade die kardinale Frage.« Dieser Satz Nietzsches von 1875 (IV 1, 132) gilt unverändert.

Mutmaßungen über ungeschehene Geschichte sind in den historischen Wissenschaften verpönt. Erwägungen zu nicht eingetretenen Möglichkeiten, hypothetische Alternativen zum wirklich Geschehenen erscheinen als müßiges Gedankenspiel, als unseriöse Spekulation. Wie es auch hätte kommen können, das ist kein Thema für einen Historiker. Wie er keine Romane schreibt, keine Utopien entwirft, keine Prognosen stellt, so verzichtet er auf Überlegungen zu Eventualitäten. Derartiges führt ins Unbeweisbare, Uferlose, ist unwissenschaftlich, ja nicht einmal wissenschaftsfähig und bleibe Dichtern und Träumern überlassen. Zu den Betriebstugenden der Historie gehören Gewissenhaftigkeit, Nüchternheit, Sachlichkeit. Herder (Ideen XIII, Kap. 7) warnte mit dem als Motto zitierten Satz vor Wunschbildern und fordert auf dazu, die Vergangenheit zu nehmen, wie sie ist. Hätte uns ein »Umstand der Zeitenfolge« den Homer »geraubt, wie so viel andere vortreffliche Werke; wer wollte mit der Absicht eines geheimen Schicksals rechten, wenn er die natürlichen Ursachen seines Unterganges vor sich siehet?«

Die Würde der Historie liegt darin, in strenger Quellenkritik die Fakten zu finden und darzustellen, »wie es eigentlich gewesen«. Dieses Wort Rankes von 1824 hat Carl Friedrich von Weizsäcker (1983, 263) aufgenommen: »Geschichte läßt sich nicht konstruieren; es gilt vielmehr zu ermitteln, wie es denn eigentlich gewesen sei«. Damit bringt er die »fast einstimmig« herrschende Ansicht zum Ausdruck. Noch immer gilt – Ausnahmen abgerechnet (Barnick 1965, 114ff.; Haffner 1985, 122ff.) – das durch Max Weber (1906/68, 275) abgelehnte, von Golo Mann (Historische Zeitschrift 198, 1964, 78) aufgenommene Wort des 1936 verstorbenen Karl Hampe (1942, 327): »Die Geschichte kennt kein Wenn.« Dies gilt nicht nur für die deutsche Wissenschaft, wie die einschlägigen Verdikte von Benedetto Croce (1938/1944, 32ff.), Michael Oakeshott (Experience and its Modes 1933, 128ff.) und Edward Hallett Carr (What ist History? 1961/87, 44f.) lehren.

Angesichts dessen ist mein Plädoyer für die Zulassung jener Fragestellung ein Wagnis. Indem ich es unternehme, sage ich mit Luther: »Ich bin vielleicht meinem Gott und der Welt noch eine Torheit schuldig, die hab ich mir jetzt vorgenommen.« Es lohnt wohl, sich einmal Rechenschaft darüber abzulegen, mit welchem Recht, aus welchen Gründen und bis zu welchem Grade Gedanken über (un)geschichtliche Möglichkeiten aus der Historie verbannt sind.

Mein Traktat soll zeigen, daß unser Bild von der Geschichte unfertig bleibt, wenn es nicht in den Rahmen der unverwirklichten Möglichkeiten gerückt wird. Die Besinnung auf ungeschehene Geschichte ist trotz begreiflicher Bedenken notwendig, trotz beträchtlicher Schwierigkeiten möglich und findet ihren Lehrwert in der Erkenntnis geschehener Geschichte. Die durch die Regeln der Wahrscheinlichkeit gezügelte historische Phantasie könnte ein Novum Organon der Wissenschaft werden. Sie geht von der Geschichte aus und kehrt zur Geschichte zurück.

1.1

Luther eröffnet die soeben angezogene Schrift »An den christlichen Adel deutscher Nation von des christlichen Standes Besserung« (1520) durch die Beschreibung der »drei Mauern«, welche die »Romanisten« um sich gezogen haben, um Reformversuche abzuwehren. Solche drei Mauern sollen auch die Historie vor der Zumutung schützen, über unrealisierte Alternativen in der Geschichte nachzudenken. Es ist zum ersten die Überzeugung von der Bedeutungslosigkeit des Ungeschehenen. Was nicht wirklich wurde, hat auch keine Bedeutung. Hinzu tritt zweitens der Hinweis auf die methodische Wegelosigkeit. Selbst wenn es interessant wäre, zu wissen, was hätte passieren können, so fehlen uns doch die Handhaben, das zu ermitteln. An dritter Stelle folgt die Befürchtung, daß die Beschäftigung mit dem bloß Denkbaren dem Respekt vor dem Geschehenen abträglich sei, daß der Geist zu leichtfertigen Spielereien verführt und damit für die ernste Arbeit verdorben werde. Diese drei Mauern scheinen wohlgegründet, und wir müssen zuerst sehen, wie mächtig sie sind, bevor wir versuchen dürfen, sie zu durchbrechen. Um deinen Gegner wirklich zu überwinden, mache ihn zuvor so stark wie möglich!

1.2

Der erste Einwand, der Hinweis auf die Bedeutungslosigkeit des Unwirklichen, leuchtet ein: Wenn schon ein großer Teil des tatsächlich Geschehenen ohne weiterreichende Bedeutung geblieben ist, wie soll dann etwas bedeutend sein, das nicht einmal tatsächlich war? Was nicht stattgefunden hat, hatte auch keine Ursache und keine Folgen, die es interessant machen könnten. Es ist weder im genetisch-kausalen noch im systematisch-typologischen Zusammenhang von Belang, denn es besagt nichts über eine Zeit, nichts über eine Gattung. Das bloß Mögliche entzieht sich somit den beiden wichtigsten historischen Relevanzkriterien. Darum erscheint das Nachsinnen über das, was vielleicht hätte eintreten können, unfruchtbar.

1.3

Der zweite der genannten Einwände stützt sich auf den empirischen Charakter der Geschichtswissenschaft. Die Historie ist eine Erfahrungswissenschaft. Der Historiker erforscht mit Hilfe von Quellen, die gegeben sind, Vorgänge, die sich begeben haben. Diese Begebenheiten sind zwar nicht unmittelbar zugänglich, doch bezeugen ihre (gegenwärtigen) Wirkungen ihre (vergangene) Wirklichkeit. Wir beobachten Quellenbefunde, schließen nach allgemeinen Erfahrungsregeln auf deren Entstehungsbedingungen und kommen so zu historischen Tatsachen. Diese werden dann induktiv in typologische Ordnungssysteme und in kausale Wirkungszusammenhänge eingefügt.

Der Naturforscher arbeitet nach einem sehr ähnlichen Prinzip, gelangt aber aufgrund reicherer Befunde zu einer größeren Zahl von gesicherten Ergebnissen. Seit dem 19. Jh. zeigen die Historiker vielfach Minderwertigkeitsgefühle gegenüber den »exakten« Naturwissenschaften, und diesen Abstand wollen sie nicht noch vergrößern, indem sie sich auf das dünne Eis imaginärer Geschichte begeben.

Das bloße Konstruieren von Eventualitäten und Gedankengebäuden bleibt den deduzierenden Wissenschaften überlassen, der Mathematik und der Jurisprudenz, der Theologie und der Philosophie.

Für die Ermittlung dessen, was beinahe passiert wäre, steht uns keine Methode zur Verfügung. Wohl wüßten wir gerne, welche Folgen es gehabt hätte, wenn Tell den Apfel verfehlt hätte, doch gibt uns die Quellenkritik darüber keine Auskunft. Hier eröffnet sich das uferlose Reich der privaten Mutmaßung, die eher den Charakter des Spekulierenden als die wahrscheinlichen Folgen offenbart. Und selbst wenn wir uns aufs Phantasieren einließen, kämen wir denn auf das, was wirklich geschehen wäre? Ist nicht der Weltgeist noch tausendmal erfinderischer als die kühnste Einbildungskraft? Der Historiker, der nicht tatsächliche Ereignisse erforscht, sondern mögliche Ereignisse ersinnt, wird gewöhnlich von Ängsten und Wünschen getrieben. Er gerät in die Rolle des Meisters Pfriem im Himmel, nachzulesen in Grimms »Kinder- und Hausmärchen«, Nr. 178.

1.4

Der dritte Einwand gegen Konjekturalhistorie besagt nicht nur, daß sie bedeutungslos und willkürlich sei, sondern betrachtet sie geradezu als schädlich. Der Ernst, der auf solche historische Allotria verwendet wird, geht auf Kosten der Zeit und der Mühe, die unser eigentliches Geschäft von uns fordert. Gibt es nicht noch übergenug an Geschehenem zu entdecken?

1.41

Einmal zugelassen, verliert sich die *historia eventualis* leicht ins Unendliche. Sobald wir die Schwelle vom Wirklichen ins Reich des Möglichen überschritten haben, finden wir erst da Halt, wo unsere Phantasie ermüdet. Nicht nur zu jedem tatsächlichen, sondern auch zu jedem gedachten Ereignis gibt es eine Mehrzahl von Varianten, und so verästeln sich die Alternativen in der Potenz. Schließlich wären wir genötigt, Abertausende von ungeschehenen Geschichtsabläufen zu entwerfen. Die wirkliche Geschichte schrumpft dabei zu einem bloßen Abfallprodukt der nicht realisierten Chancen. Das Gewordene wird zum Lückenbüßer des Ungewordenen, darum setzt auch Thackeray seine Spekulation *upon what might have happened* nicht fort. *If all the drops in it were dried up, what would become of the sea?*

1.42

Unser Interesse an der Geschichte beruht darauf, daß alle Geschichte irgendwie unsere Geschichte ist. Die gegenwärtige Wirklichkeit ist eine Folge früherer Wirklichkeiten. Wir sind, wie Schiller 1789 seinem Auditorium vortrug, die »Schuldner vergangener Jahrhunderte«, ja mehr noch: »Selbst daß wir uns in diesem Augenblicke hier zusammenfanden, uns mit diesem Grade von Nationalkultur, mit dieser Sprache, diesen Sitten, diesen bürgerlichen Vorteilen, diesem Maß von Gewissensfreiheit zusammenfanden, ist das Resultat vielleicht aller vorhergegangenen Weltbegebenheiten: die ganze Weltgeschichte würde wenigstens nötig sein, dieses einzige Moment zu erklären.« Wer sollte dem widersprechen?

Wenn wir ein einziges Glied aus der Kette herausreißen, geht aller Zusammenhang verloren. Was wäre aus jedem von uns geworden, hätte es die Weltkriege, die Industrialisierung, die Aufklärung nicht gegeben? Wären wir »wir«? Würde die Geschichte an irgendeinem wichtigen Punkt abgeändert, so wäre damit zugleich die gesamte nachfolgende Weltgeschichte außer Kraft gesetzt. Wir müßten die ganze Folgezeit umstrukturieren. Ändern wir den Kurs der Geschichte an irgendeinem Punkt, dann erreicht sie niemals den Ort, wo sie sich heute befindet. Mit der Folgezeit verwandelt sich auch unsere Gegenwart, unser persönliches Leben. Eine andere Geschichte, wie sie auch hätte stattfinden können, wäre jedenfalls nicht mehr unsere Geschichte, nämlich die, deren Produkt wir sind. Hier kommen wir aus dem Akzidentiellen rasch ins Existenzielle.

Sobald wir die historischen Voraussetzungen unserer Urteilskategorien in Gedanken beiseitesetzen, heben wir unsere geistige Existenz auf. Und sofern wir jene Ereignisstränge, die zur Begegnung unserer Eltern geführt haben, in Gedanken auflösen, radieren wir uns sogar biologisch aus der Liste der Lebenden. Unsere geistige und leibliche Individualität ginge verloren, und entsprechendes drohte unseren Zeitgenossen, deren Vorfahren sich gleichfalls unter geänderten Voraussetzungen nicht gefunden hätten. Diese Konsequenzen mögen manchem geradezu gotteslästerlich vorkommen. Die Geschichte überhaupt und daß wir's dann zuletzt so herrlich weit gebracht, verdanken wir doch der Tatsache, daß schlußendlich immer die richtige Seite gesiegt hat, die richtigen Entscheidungen getroffen wurden, die richtigen Leute gelebt haben – glücklicherweise.

Gloria! Victoria! Historia! Dies alles umdenken zu wollen, ist das nicht eine überflüssige, frivole Undankbarkeit gegen die Nornen?

1.43

Auch wer dies nicht so empfindet, kann statt des geschichtstheologischen Einwandes einen philosophischen anbringen. Wenn wir eine neue Geschichte ersinnen, müßten wir zugleich auch neue Betrachter derselben erfinden. Damit wäre jene natürlich sofort wieder in Frage gestellt, da doch wir es sind, die sie ausdenken. In einer Scheingeschichte sind auch wir selbst nicht vorgesehen. Das Räsonieren über ungeschehene Geschichte räsoniert das räsonierende Subjekt aus der Geschichte heraus: Aus unserem realen Ich flüchten wir in den Astralleib einer geschichtslosen Pseudo-Subjektivität. Wir stellen uns auf den Standpunkt der Standpunktlosigkeit und beanspruchen eine subjektlose Scheinobjektivität.

Fangen wir an, darüber nachzudenken, wieviel tausend Einzelheiten nötig waren, unsere Situation jetzt und hier zustande zu bringen, und wieviel tausend Einzelheiten, die nicht eingetreten sind, dies hätten verhindern können, dann gewinnt das gewisseste, was wir kennen, nämlich unsere Situation jetzt und hier, einen abenteuerlichen Grad an Unwahrscheinlichkeit. Da aber die gesamte Geschichte aus derartig zufälligen Situationen besteht, geraten wir ins Bodenlose. Treffend bemerkt Nietzsche im Anschluß an sein eingangs zitiertes Wort, daß durch die Frage »Was wäre geschehen, wenn ...« »alles zu einem ironischen Ding wird«. Von dem Schwindel des Schwebens über dem Abgrund des Ungeschehen-Möglichen heilt uns erst die Rückkehr auf den Boden der geschichtlichen Tatsachen. So heißt es bei Friedrich Meinecke (Werke IV 261) 1942: »Man scheut in der Geschichtsschreibung gemeinhin davor zurück, es auszumalen, wie es hätte kommen können, wenn dies oder jenes Ereignis einen anderen Ausgang gehabt hätte, diese oder jene maßgebende Persönlichkeit im Spiel gefehlt hätte. Man nennt solche Betrachtungen müßig, und sie sind es auch«.

Nicht anders äußerte sich Carl Schmitt (Eclectica 17, 1988, 14f.) 1965: »Fangen wir nicht mit ›Wenn‹ und ›Hätte‹ an. Die Menschen bedienen sich gedankenlos des sprachlichen Vehikels irrealer Bedingungssätze für ihre Phantasien und Wünsche. Die Geschichtsphilosophen mögen sich ausmalen, was geschehen wäre, wenn Antonius

bei Actium gesiegt hätte oder Napoleon bei Leipzig. Das sind soge-
nannte Uchronien, die noch weniger Konsistenz haben als Utopien.
Sich im Ernst als wirklich gewesen vorstellen, was nicht wirklich
gewesen ist, um einen völlig anderen Verlauf der Dinge zu konstruieren, ist ein gefährliches Spiel. Nur in einem kleinen Spielraum hat es
einen gewissen Sinn, und nur als heuristische Methode. Wir sollen
unsere Sünden bereuen, aber wir können nicht ein Stück aus dem
unteilbaren Ganzen des Geschehens herausnehmen und es durch
ein erdachtes anderes Stück ersetzen. Es hat etwas Vorlautes, sagen
zu wollen, was geschehen wäre, und es scheint mir unfromm, etwas
wissen zu wollen, was nicht wirklich geschehen ist. In ihrer letzten
Konsequenz kommen mir solche irrealen Kombinationen geradezu
wahnsinnig vor. Gott hat zugelassen, was geschehen ist, und nicht
zugelassen, was nicht geschehen ist. *Tout ce qui arrive est adorable.*
Wer nicht mehr imstande ist, die Allmacht Gottes zu lobpreisen, sollte
wenigstens vor ihr verstummen.«

So wird es begreiflich, wenn die größten Philosophen dem wirklichen Geschehen den Rang einer unumdenkbaren Notwendigkeit
zugesprochen haben. Herder (Ideen XIII Kap. 7) schrieb 1787: »Was
im Reich der Menschheit nach dem Umfange gegebener National-,
Zeit- und Ortsumstände geschehen kann, geschieht in ihm wirklich«. Denker wie Luther und Hegel, Marx und Schopenhauer haben die Notwendigkeit als das wahre Gesicht der Geschichte, die
Freiheit hingegen als Illusion betrachtet. Schopenhauer geht am wei-
testen. »Wünschen, daß irgend ein Vorfall nicht geschehen wäre, ist
eine törichte Selbstquälerei ... es ist durchaus eitel, darüber nachzudenken, wie geringfügig und zufällig die Ursachen waren, welche
jenen Vorfall herbeigeführt haben, und wie so sehr leicht sie hätten
anders sein können: denn dies ist illusorisch« (III 451f.). Wie das zu
vermeiden sei, wußte Ernst Jünger (1977, 269f.): »Der Historiker muß
mit den Füßen auf dem Boden bleiben.« Mit den Füßen gewiß –
doch auch mit dem Kopf?

1.5

Diese drei Mauern sind so stark, daß wir verstehen, weshalb die zünf-
tige Historie sich hinter ihnen sicher fühlen und Mutmaßungen über
ungeschehene Geschichte abwehren kann. Und doch besitzen die
genannten Argumente eine bloß vordergründige Evidenz. Die Ge-

schichtswissenschaft muß spekulieren, wenn sie sich um Verständnis bemüht; sie tut es, sobald sie Urteile fällt; sie kann es, indem sie Gründe findet; und sie darf es, weil jede Tatsache über sich hinausweist. Dies möchte ich nun zeigen, in dem ich die drei Mauern eine nach der anderen nochmals abklopfe.

2. Zwecke

Le nez de Cléopâtre: s'il eût été plus court,
toute la face de la terre aurait changé.
Pascal

Das Wort Pascals (Pensées 162), die Nase der charmanten Königin Kleopatra habe nicht nur ihr eigenes, sondern darüber hinaus das Gesicht der Zeiten bestimmt, trügt, formuliert gleichwohl die Einsicht, daß der Gang der Dinge bisweilen anders gelaufen wäre, wenn kleine Gegebenheiten anders ausgesehen hätten. Damit ist unterstellt, daß die Geschichte keineswegs so kommen mußte, wie sie gekommen ist. Welche Wege ebenfalls hätten eingeschlagen werden können, an welchen Stellen sie abzweigen, in welche Richtung sie führen – das ist zunächst einmal an und für sich wissenswert. Das Nachdenken über vergangene Möglichkeiten erweitert unsere Kenntnis der Vergangenheit um Wißbares.

Wer hier zuzustimmen zögert, muß um der vergangenen Wirklichkeit willen mithalten. Denn wir benötigen Antworten auf die Frage: »Was wäre geschehen, wenn ...?« für ein Verständnis von Entscheidungssituationen, für die Gewichtung von Kausalfaktoren, für die Begründung von Werturteilen und dann, wenn wir die unterschiedlichen Wahrscheinlichkeiten im Geschehen abschätzen wollen. Daß in der historischen Literatur die jeweils angenommenen Alternativen nicht immer offengelegt werden, gehört zu den kleinen Unredlichkeiten, ohne die auch das Gewerbe des Historikers kaum gewinnbringend zu betreiben ist. Dennoch sind jene Zukunftsannahmen in jedem der vier Urteile unausgesprochen enthalten und lassen sich durch maieutische Interpretation ans Licht ziehen.

Gewöhnlich betonen Historiker die Unzulässigkeit von Wenn-Fragen just dann, wenn sie selbst an den Punkt gelangt sind, wo sie ihnen nicht mehr ausweichen können, wo sie selbst augenzwinkernd gerade eine Antwort gegeben haben oder geben wollen. Insofern muß die Praxis der Geschichtswissenschaft gegen ihre eige ne Theorie in Schutz genommen werden. Was sein muß, ist erlaubt. Verbotsschilder an unvermeidbaren Wegen verschandeln nur die Landschaft.

2.1

1206 nahm Temudschin den Titel Dschingis-Chan an. Er unterwarf die Mongolei, Nordchina, Südsibirien, Transoxanien und Südrußland. Seine Nachfolger setzten die Eroberung nach allen Himmelsrichtungen fort. 1236 entsandte Ugedei, der Sohn Dschingis-Chans, seinen Neffen Batu aus, um Europa zu bezwingen. 1240 fiel Kiew, 1241 wurden die Ungarn geschlagen, das deutsch-polnische Ritterheer unter Herzog Heinrich II. von Schlesien wurde vor Liegnitz aufgerieben. Da starb am 11. Dezember Ugedei. Gemäß der Jassa, dem Gesetz Dschingis-Chans, mußten seine Nachkommen sich zur Wahl eines neuen Groß-Chans im Karakorum-Gebirge versammeln. Der Westfeldzug wurde abgebrochen.

Was aus Europa geworden wäre, wenn die Mongolen ihre Siege hätten ausnutzen können, ist doch bedenkenswert. Kann man diese Frage mit dem Hinweis auf ihre unsichere Beantwortbarkeit abschütteln und kommentarlos zurückfallen ins Weitererzählen dessen, was dann kam? *Ordo ipse annalium mediocriter nos retinet, quasi enumeratione fastorum*, schrieb Cicero (fam. V 13, 5). Die bloße Aufreihung von Kalenderdaten hat allenfalls mittelmäßiges Interesse. Die Probleme beginnen erst, wenn alle Fakten vorliegen. Nur ein um seinen fruchtbarsten Teil zurückgeschnittener Geschichtsbegriff begnügt sich mit dem Realen. Wenn der Sinn der Historie darin liegt, uns aus dem Gefängnis der Gegenwart zu befreien, dann tut sie ein übriges, indem sie uns aus der engen Welt des Wirklichen in den großen Raum des Möglichen hineinblicken lehrt. Hier ist eine ganze Dimension zu gewinnen.

Die Frage nach unterbliebenen Ereignissen setzt uns auf die Fährte von gescheiterten Plänen, verschütteten Ansätzen, unerfüllten Ängsten und Hoffnungen. Selbst kleine und kleinste Einzelheiten werden interessant, wenn wir ihr Potential an Zukunft bedenken. Wie der Historiker nach unverwirklichten Handlungen suche, so möge der Bauforscher die ungebaute Architektur (die Athos-Stadt von Alexanders Architekt Stasikrates, den Petersdom Bramantes, die Rheinbrücken-Pläne bei Rainald von Dassel und Napoleon, Schinkels Schloß Orianda auf der Krim, Speers »Germania«), der Philosoph die ungedachten Gedanken (Kants »System der reinen Philosophie«, Nietzsches »Wille zur Macht«), der Philologe die ungeschriebenen Texte ins Bewußtsein holen. Ciceros literarische Pläne (Häfner 1928) sind ein Teil seines ungelebten Lebens, entsprechend Goethes »Nausikaa«, sein »Tod Caesars« und sein Roman des Weltalls; Schillers »Marbacher Dramenliste« mit den »Maltesern«, der »Sicilianischen Vesper« und dem »Themistocles« oder Lord Byrons geplante Tragödie »Francesca da Rimini« nach Dante. Wievieles blieb im Ansatz stecken! Ist es nicht bemerkenswert, daß die Chinesen das Schießpulver kannten, es aber nur zu Feuerwerken verwendeten? Daß die Griechen den Dampfdruck kannten, ihn aber nicht für Dampfmaschinen ausnutzten? Daß die Tibetaner die Windmühle kannten, sie aber nicht zum Mahlen von Korn, sondern bloß für ihre Gebetsmühlen brauchten? Auch das, was sich nicht hat entfalten können, ist Teil der Geschichte und liefert die Paraphernalien für diejenigen Entwicklungen, denen Zukunft beschieden war.

2.2

Entscheidungssituationen bilden die Gelenke der Geschichte. Indem wir jene Augenblicke betrachten, in denen sich etwas entscheidet, erkennen wir die Bewegung im Geschehen. Je nachdem, in welche Zeitrichtung wir blicken, verändert sich jedoch das Bild.

Der Historiker sieht aus der jeweils gegebenen Situation zurück auf deren Vergangenheit. Diese erscheint als ein Fächer von Einbahnstraßen, die alle auf das zur Blickbasis gewählte Ereignis zulaufen. Jeder Schritt führte dem Ziele näher; und es ist die Aufgabe des Historikers, zu beschreiben, wie es dahin gekommen ist. Die Gesamtheit der Voraussetzungen läßt sich meist nur schwer überschauen, ist aber durch den erreichten Stand der Dinge abgeschlossen. Wir können nichts mehr hinzutun, nichts mehr hinwegnehmen. Die Existenzform der größeren und kleineren Ursachen beschränkt sich auf das Schwarz-Weiß von »wirklich« oder »nichtwirklich«.

Der Handelnde hingegen blickt aus der Lage, in der er sich befindet, in die Zukunft. Für ihn kehrt sich der Fächer um. Er fragt, welche Wege ihn zu welchen Zielen führen. Es gibt stets bequeme und schwierige Wege, lockende und abschreckende Ziele. Allemal eröffnet sich ein buntes Spektrum an Hoffnungen und Befürchtungen, an

Erwartetem und Unerwartetem, kurz: an Möglichkeiten. Sie sind nicht immer in ihrer ganzen Vielfalt erkennbar, aber stets in der Mehrzahl gegeben. Ihre Gesamtheit bildet den Handlungs- oder Ereignisspielraum. Darum erscheint die Situation offen. Die subjektive Möglichkeit, zwischen den objektiven Möglichkeiten zu wählen, bildet die Freiheit des Handelnden.

Da Vergangenheit und Zukunft des Menschen nur zwei Aspekte derselben Sache, nämlich der Geschichte sind, besitzt die historische Zeit die beschriebene Doppelstruktur. Alle geschichtliche Vergangenheit war einmal menschliche Zukunft. Um die Geschichte aus der Sicht der Handelnden zu verstehen, müssen wir die einzelnen Fakten auch im ungeborenen Zustand betrachten, als bloßen Plan, als pure Möglichkeit. Denn jede rationale Handlung resultiert aus einem vorgreifenden Urteil über das, was passieren würde, wenn sie geschähe. Der Denkende simuliert ungeschehene Geschichte und entscheidet danach unter den ihm erkennbaren Alternativen.

Thukydides hat die in den jeweiligen Entscheidungssituationen relevanten Möglichkeiten in Form von Reden und Diskussionen den Agierenden in den Mund gelegt. Er räumte ein, daß ihm der Wortlaut nicht immer bezeugt war, glaubte sich aber berechtigt, ihn nach Kenntnis der Dinge zu (re)konstruieren, um dem Leser das Verhalten der Handelnden begreiflich zu machen (I 22). Die antike Rhetorik verlangte Übungsreden darüber: Ob Hannibal Alexandria erobern könnte; ob er wohl Italien verließe, wenn Scipio Karthago angriffe? Ob die Samniten wohl treu blieben, wenn Rom die Waffen niederlege? Ob Alexander wohl Länder fände, wenn er den Ozean überquere? Dies bezeugen der Auctor ad Herennium (IV 31), Seneca maior (suasoria 1) und Quintilian (inst. III 8, 16f.). Die Handelnden hatten einen anderen Horizont als wir. Wenn wir uns das nicht vergegenwärtigen, begreifen wir nicht, warum sie sich so und nicht anders entschieden haben.

Zugleich nehmen wir uns die Möglichkeit, sie dafür zu kritisieren. Wenn wir jemanden für eine Handlung verantwortlich machen, setzen wir voraus, daß er Alternativen hatte. Es bleibt ein wenig wohlfeil, dies als nacktes Postulat stehen zu lassen. Der Verurteilte hat ein Recht darauf, zu hören, was er denn tun, was er hätte lassen sollen. Die unverwirklichten Möglichkeiten müssen inhaltlich zumindest angedeutet werden.

Der Gehalt an Zukunft in einer Situation wird zunächst durch die Wünsche und Absichten der Beteiligten bestimmt. Sie kommen am reinsten zum Ausdruck in jenen Idealen und Utopien, die ohne Rücksicht auf ihre Realisierbarkeit entworfen sind. Immer wieder haben Menschen derartige Traumziele literarisch fixiert, und sie gestatten dem Historiker einen Blick in die von den Zwängen der Realität freien Wünsche.

Wo derartige Projekte zu realisieren versucht wurden, führte das oft zu einem blutigen Ende. Der Sonnenstaat des Aristonikos von Pergamon 130 v.Chr., die Herrschaft der Wiedertäufer in Münster 1534 und die Pariser Commune von 1871 lassen einen Mangel an Augenmaß für das Mögliche erkennen, der durch eine moralische Verurteilung ihrer jeweiligen Gegner nicht ausgeglichen wird.

Der moralische Charakter ist keine hinreichende Grundlage für das historische Urteil über einen Handelnden. Auch sein Urteilsvermögen ist zu bedenken. Die Absichten der Gracchen waren gewiß die besten, aber ihr Vorgehen untergrub die Verfassung und eröffnete die Möglichkeit einer plebiszitären Diktatur. Caesars Pläne hingegen bezeugen einen persönlichen Machtwillen, der uns mißfallen mag. Dennoch hatte er die Strukturschwäche der Republik begriffen, die sein Mörder Brutus nicht einsehen wollte und die auch Titus Livius ausblendete, als er darüber nachsann, ob es nicht für die *res publica Romana* besser gewesen wäre, wenn Caesar niemals das Licht der Welt erblickt hätte (Seneca, Nat. Quaest. V 18, 4).

Julian Apostata ist eine sympathische Gestalt. *Je le regarde comme le plus grand des emperateurs*, schrieb Voltaire am 8. November 1773 an Friedrich d.Gr. Aber Julian kämpfte auf verlorenem Posten, als er sich dem Siegeszug des Christentums entgegenstemmte. Churchill (1933, 254) bekannte, daß in der Schlacht bei Hastings 1066 sein Mitgefühl uneingeschränkt König Harald gehöre, und trotzdem könne er nicht wünschen, daß die Normannen damals unterlegen wären. Der Kampf für die schwächere Sache läßt sich nachträglich leicht als Donquichotterie hinstellen, aber die Handelnden selber vermögen ihre Erfolgsaussichten niemals ganz zu überblicken, ihnen scheint zumeist mehr möglich als den Nachgeborenen.

Die von den Zeitgenossen in Betracht gezogenen Möglichkeiten schöpfen das Arsenal dessen, was hätte kommen können, nicht aus. Spätere Beobachter entdecken weitere denkbare Konsequenzen, die gewöhnlich durch Analogien begründet werden. Auch sie müssen in unser Urteil eingehen. Die Historie wird niemals die Kritik des Wirklichen leisten, wenn sie nicht mit dem Herrn auf Schönhausen die Politik als die Kunst des Möglichen begreift.

2.3

Wie das Verständnis von Entscheidungssituationen, so ist auch die Feststellung und Gewichtung von Kausalmomenten auf eine Als-ob-Historie angewiesen. Max Weber (1906/68, 287) hat gezeigt, daß die Bestimmung von Faktoren im Geschehen auf dem Gedankenspiel beruht, den betreffenden Faktor versuchsweise aus dem zeitlichen Zusammenhang herauszulösen und sodann die Frage zu beantworten, ob ohne den genannten Faktor der Fortgang der Dinge ein anderer gewesen wäre.»Um die wirklichen Kausalzusammenhänge zu durchschauen, konstruieren wir unwirkliche«. Wäre nämlich ohne jenen Faktor das Geschehen ebenso abgelaufen, dann war er unerheblich. Ob dies der Fall gewesen wäre, das entscheiden wir nach allgemeinen Erfahrungsregeln. Sie erlauben uns, das *post hoc* in ein *propter hoc* zu verdichten. Nur solche Ereignisse lassen sich historisch erklären, die zu verhindern waren, zu denen eine Alternative in Rechnung gestellt wird. Treffend bemerkt Weber (l. c. 275): »In jeder Zeile jeder historischen Darstellung ... stecken Möglichkeitsurteile oder richtiger: müssen sie stecken, wenn die Publikation Erkenntniswert haben soll«.

Kausalitäten untersuchen wir, wenn wir das Zustandekommen eines Vorgangs aus seiner Vorgeschichte, oder wenn wir die Bedeutung eines Vorgangs aus seiner Nachgeschichte ermitteln wollen, wenn wir uns Rechenschaft über die Vergangenheit geben oder historische Sachverhalte feststellen. Für ersteres griff Max Weber das von Eduard Meyer gewählte Beispiel der Märzrevolution 1848 in Berlin auf. Erweitern wir es um einige Aspekte, so läßt sich an ihm die Struktur kausaler Zurechnung klarstellen. Der große Krähenschwarm, der am 18. März über die Menge auf dem Schloßplatz zum Tegeler Forst hinzog, hatte für den Ausbruch der Unruhen vermutlich keine Bedeutung. Denn wir kennen keine Erfahrungsregel, daß politisches Verhalten auf den Vogelflug Rücksicht nimmt. Genauer: wir kennen das nicht für Deutschland im 19. Jh. Für das Altertum sieht das anders aus; dort war der Gedanke an Vorzeichen so verwurzelt, daß ein solcher Vorgang Folgen haben konnte. Alexander fand den Weg durch die Wüste zum Ammonsorakel, indem er zwei Raben folgte. Dieser Vergleich möge verdeutlichen, daß unsere »allgemeinen« Erfahrungsregeln nur begrenzte Geltung beanspruchen können.

Der auslösende Faktor der Märzunruhen waren die beiden Schüsse an der Langen Brücke. Die kausale Zurechnung wird ermöglicht aus der Erfahrung, daß eine hochpolitisierte Menge sich durch bedrohlich empfundene Zwischenfälle provoziert fühlt, so daß auch geringfügige Anlässe die bestehende Spannung zum Entladen bringen können. Teilnehmer der Ereignisse wie Theodor Fontane (SW. IV 1973, 485ff.) bestätigen, daß jene Schüsse so gewirkt haben.

Alle in einem historischen Ereignis wirksam gewordenen Vorgänge sind dafür, daß es genauso, wie es kam, gekommen ist, kausal notwendig. Denn auch die geringfügigste Nebenursache ist nur dann eine solche, wenn bei ihrem Ausbleiben die Wirkung wenigstens ein bißchen anders ausgefallen wäre. Unter der Prämisse der Integrität der Wirkung sind alle beteiligten Ursachen gleichermaßen erforderlich.

Trotzdem sind sie nicht gleichermaßen wichtig. Denn ihr Ausbleiben hätte größere oder geringere Folgen haben können, und eben danach bemißt sich die Relevanz eines Faktors. Wären jene Schüsse fünf Minuten später gefallen, so hätte sich der Barrikadenbau vermutlich um genau diese Zeitspanne verzögert. Wäre überhaupt nicht geschossen worden, so hätte der Schwebezustand noch länger anhalten können. Dennoch hätte das schwerlich die Revolution verhindert. Angesichts der verbreiteten Unzufriedenheit hätte wohl ein anderer Zufall den Konflikt zum Ausbruch gebracht. Irgendein unbedachtes Wort des Kartätschenprinzen oder des Generals von Wrangel, eine Truppenverschiebung, eine Extrapost, ein Demagogenauftritt oder dergleichen hätte den Barrikadenbau ebenfalls auslösen können. Man gewinnt den Eindruck, daß eine Spannung sich entladen will. Die explosionsbereite Situation lechzt nach dem Funken.

Hingegen ist umstritten, ob die Märzrevolution in Deutschland auch ohne die Februar-Ereignisse in Paris stattgefunden hätte. Marx und Engels meinten dies, andere bestreiten es. Erstere können sich auf die revolutionäre Stimmung berufen, letztere verweisen auf die Kette der Anstöße, die nachweisbar in Paris beginnt. Spannungen können sich wieder legen; sie müssen nicht ausbrechen.

Für die Abschätzung der Wirkungen eines Vorganges benutzte Max Weber ebenfalls ein Beispiel von Eduard Meyer. Beide erblickten die welthistorische Tragweite der Perserkriege darin, daß damals die politischen und kulturellen Grundwerte des Okzidents vor der Unterdrückung durch den Orient gerettet worden seien. Wäre dies nicht der Fall, so besäßen die Perserkriege nach Weber für uns ebenso wenig Bedeutung wie eine »Prügelei zwischen zwei Kaffern- oder Indianerstämmen« (1906/68, 274).

Hypothesen über Ungeschehenes liegen jeder Rechenschaft zugrunde. So sagte Napoleon zu Las Cases: »Hätte ich nicht bei Austerlitz gesiegt, so würde ich ganz Preußen auf dem Halse gehabt haben. Wenn ich nicht bei Jena den Sieg davongetragen hätte, so wären Österreich und Spanien mir in den Rücken gefallen. Schlug ich den Feind bei Wagram nicht, was allerdings so kein entscheidender Sieg war, so hatte ich zu fürchten, daß Rußland mich verließ, daß Preußen sich erhebe, und die Engländer waren schon in Antwerpen« (Kircheisen 1907, 179). Sein größter Fehler, meinte Napoleon, sei gewesen, daß er Österreich und Preußen nicht zerstückelt habe, sein größter Wunsch, die Völker Europas zu einer einzigen Amphiktionie zu vereinen und dem Ideal einer höheren Zivilisation entgegenzuführen. Er verglich das, was er getan hatte, mit dem, was er hätte tun können, er maß das Geschehene am Ungeschehenen. Um die Bedeutung einer Tat abzuschätzen, muß jeweils überlegt werden, was ohne sie geschehen wäre.

Schon für die Rekonstruktion der Fakten selbst spielt dieser Gedankengang eine Rolle. Denn zum einen besteht zwischen einem Quellenbefund und der Folgerung, die wir aus ihm ziehen, ein Kausalverhältnis, und zum andern liegt ein solches in jeder Handlung selbst beschlossen. Ein historisches Faktum ist der Realgrund für ein Quellenindiz, und dies ist der Erkenntnisgrund für jenes Faktum. Ohne dieses doppelte Kausalverhältnis ist der Beweis für eine historische Tatsache nicht zu führen. Sobald wir nachweisen können, daß der Quellenbefund auch ohne das aus ihm erschlossene Faktum erklärlich wäre, entzieht sich dieses der Beweisbarkeit.

Ähnlich steht es mit der Handlung. Das Subjekt ist eine Voraussetzung für das Prädikat. Jede historische Behauptung, die besagt, daß irgend jemand irgend etwas getan hat, ist eine Kausalbehauptung, die nur stimmt, wenn die Tat nicht auch ohne den Täter geschehen wäre. Dies könnte durch allfällige Zusatzinformation grundsätzlich überall erwiesen werden. Shakespeare wäre nicht der Verfasser der unter seinem Namen überlieferten Werke, wenn sich doch noch ergäbe, daß Christopher Marlowe, Francis Bacon oder einer der anderen fünfzig dafür in Anspruch genommenen Autoren sie geschrieben hat. Johann Sobieski wäre nicht der Retter Wiens, wenn sich herausstellen sollte, daß Kara Mustafa am Tage vor der Schlacht einen Ferman von Mehmed IV. erhalten hätte, im Hinblick auf die Lage in Kreta die Belagerung abzubrechen. Charlotte Corday, die »Männin« (Klopstock), wäre nicht die Mörderin Marats, wenn bewiesen würde, daß er eine Stunde zuvor am Herzschlag gestorben ist. Durch die Widerlegung der jeweils implizierten kontrafaktischen Hypothesen (z.B. daß Marat überlebt hätte, wenn Charlotte ihn nicht erstochen hätte), sind historische Kausalurteile falsifizierbar. Sie gelten nur unter der Kautel, daß die nachweisbare Wirkung ohne die angenommene Ursache nicht stattgefunden hätte.

2.31

Eduard Meyer (Kl Schr. I 56) hat für eine besondere Klasse von Faktoren den Begriff der »negativen historischen Tatsache« eingeführt. Gemeint ist eine Regelwidrigkeit, ein Manko, ein Defekt, der Folgen hatte. Er nennt als Beispiele erstens das Machtvakuum im Vorderen Orient um 1000 v. Chr., als die inneren Probleme sowohl im Zweistromland als auch im Niltal den Aufstieg der Phöniker und der Israeliten ermöglichten, und zweitens die Kinderlosigkeit der Ehe Philipps II. von Spanien mit Maria von England, was einer dynastischen Ausweitung der Habsburgermacht und einer Rekatholisierung Englands entgegenstand. Wenn Meyer aus einer negativen Ursache eine positive Wirkung ableitet, ist das nur eine verkürzte Ausdrucksweise für die durch ein unerwartetes Defizit ermöglichte Verstärkung anderer positiver Faktoren, so daß eigentlich keine objektive, sondern nur eine subjektive Negativität vorliegt. Ob durch eine Negation der Negation, etwa durch einen Thronerben von Philipp und Maria, sich langfristig viel geändert hätte, erklärt Meyer zu Recht für »Spekulation«. Dennoch ist es ebenso Spekulation, daß sich *kurzfristig* irgend etwas geändert hätte, und daran besteht kein Zweifel – grundsätzlich ist das Spekulieren mithin statthaft, weil das Wirkliche nie das einzig Mögliche darstellt.

2.4

So wie die Kausalurteile über Ereignisfolgen, so beruhen auch Werturteile über Wünschbarkeiten auf Alternativkonstruktionen. Theoriekundige werden beim Stichwort »Werturteil« die Stirne runzeln. Hat nicht Ranke 1824 auf das »Amt, die Vergangenheit zu richten« verzichtet, und hat nicht Max Weber 1917 Werturteile für grundsätzlich unverbindlich und unwissenschaftlich erklärt?

Gewiß, die persönliche Bescheidenheit Rankes und die methodische Strenge Max Webers verdienen noch immer unsere Bewunderung – trotzdem hat sich ihre Abwertung des Werturteils in der Geschichtsschreibung nicht durchgesetzt. Erklärte Mommsen 1887: von jeher sei »die Geschichte das Totengericht gewesen, in welchem die späteren Geschlechter den Spruch fällen über die früheren, um dereinst über die eigenen Handlungen in gleicher Weise von den nachfolgenden Recht zu nehmen« (RA. 20), so konnte er damit von Links wie von Rechts auf Beifall hoffen. Sowohl im historischen Materialismus als auch im idealistischen Historismus ist »eunuchische Objektivität« (Droysen 1858/1937, 287) abgelehnt worden. Freilich hat die Bindung des historischen Werturteils an einen proletarischen Klassenstandpunkt und an einen militanten Nationalismus dem Anspruch auf Geltung ebenso geschadet wie die Einsicht, daß List und Gewalt allenthalben geübt werden. Der theoretische Relativismus konnte den Mut zum Werten erschüttern, aber die praktische Unmenschlichkeit hat ihn wiederhergestellt. Die These Kants, daß es der Idee des Guten nichts nehme, auch wenn sie hundertmal mit Füßen getreten werde, hat sich bestätigt. Die Gewalttaten unseres Jahrhunderts sind es gewesen, die den grundsätzlichen Zweifel an der Unterscheidbarkeit von Gut und Böse ausgeräumt haben.

Max Weber (1917/68, 507) meinte, daß strittige Wertungen nicht durch vernünftige Diskussion, sondern nur durch »unüberbrückbar tödlichen Kampf« zu entscheiden seien. Aber gerade die Machtkämpfe, die wir seitdem erlebt haben, lassen die Hoffnung auf eine vernünftige Diskussion wieder aufkeimen. Tatsächlich scheint auf friedlichem Wege in vielen historischen Wertfragen Einigung erzielt. Die Reformpolitik Solons weckt mehr Sympathie als die Tyrannis des Peisistratos. Die Olympischen Spiele der Griechen finden mehr Zustimmung als die römischen Gladiatorenkämpfe. Erfreulicher als die Einrichtung der Inquisition auf dem Laterankonzil von 1215 erscheint die gleichzeitige Liebestätigkeit der heiligen Elisabeth. Angenehmer als die Schlacht bei Solferino 1859 berührt uns der damals geborene Gedanke des Roten Kreuzes. Wie der synchronische, so verdeutlicht auch der diachronische Vergleich Wertungsmöglichkeiten: Die Abschaffung der Folter in Preußen durch Friedrich d.Gr. 1740, das Verbot der Autodafés in Spanien durch Napoleon 1808, die Aufhebung der Negersklaverei in Amerika durch Lincoln 1864 werden wohl kaum ernstzunehmender Kritik begegnen.

Wertungen sind überdies sogar im Zusammenstoß von Kulturen möglich, wenn wir über der Normenvielfalt der Völker und Zeiten die reine Humanität als Maß gelten lassen. Die religiösen und ethnischen Besonderheiten sind dann nur bedingt schutzwürdig, und wir begrüßen es, daß die Römer den Karthagern und Galliern ihre Menschenopfer untersagt haben, daß die Engländer bei den Arabern den Sklavenhandel, bei den Indern die Witwenverbrennung bekämpft haben. Damit soll weder der unbedingte Altruismus der einen oder gar das radikal Böse der anderen Seite behauptet werden, aber die Tat als solche ist doch wohl klar zu bewerten.

Nicht alle Wertungen sind so eindeutig wie die genannten Beispiele. In der Regel sind die negativen und die positiven Elemente ein- und derselben Erscheinung schwerer gegeneinander abzugrenzen und abzuwägen. Mußte Augustus Cicero opfern, um Antonius zum Frieden zu bringen? Mußte Karl der Große das Blutbad von Verden anrichten, um Widukind zur Taufe zu bewegen? Mußte Churchill die deutschen Altstädte zerstören, um Deutschland zur Kapitulation zu zwingen? Hiroshima und Nagasaki – war das nötig?

In der politischen Entschuldigung von moralisch Unentschuldbarem spielt nicht nur, wie Max Weber meinte, der Maßstab des Urteilenden eine Rolle, der subjektiv begründet und logisch unableitbar ist. Vielmehr gilt die Kontroverse ebenso sehr, wenn nicht mehr noch der Frage: was zu erwarten gewesen wäre, wenn das umstrittene Ereignis ausgeblieben wäre. Der Wert wird über die Mutmaßung hypothetischer Folgen gewonnen, durch Möglichkeitsurteil und Wahrscheinlichkeitskalkül. Und hier läßt sich mit Argumenten arbeiten.

Ob die Reformation zu begrüßen oder zu bedauern ist, hängt nicht nur vom konfessionellen Standpunkt, sondern auch davon ab, welche hypothetischen Konsequenzen wir an ihr Ausbleiben knüpfen. Aus katholischer Sicht wird man Luthers Wirken bedauern, wenn man glaubt, daß die Kirche die Kraft zur Selbstreinigung besaß, so daß die Glaubenseinheit hätte gerettet werden können, wäre Luther nicht dazwischengekommen. Ein Katholik, der hingegen die Lage der Kirche um 1500 pessimistischer sieht, könnte Luthers Erfolge begrüßen, weil er den Anstoß zur inneren Erneuerung gegeben hat, die dann auf dem Konzil von Trient erfolgte. Ein Freigeist, der meint, daß die Alternative zu Luther die Allmacht einer korrupten Papstkirche war, wird die Reformation bejahen. Wer hingegen Luther für Glaubenskriege und Hexenwahn verantwortlich macht, wird zu einem negativen Urteil über die Reformation kommen und sie als Hindernis auf dem Wege vom Humanismus in die Aufklärung, als einen Rückfall in mittelalterliche Glaubensinbrunst beklagen. Jede der vier Positionen rechnet mit anderen unverwirklichten Möglichkeiten, kommt daher zu einem anderen Werturteil.

Ein begrüßenswertes Ereignis ist nur dann erfreulich, wenn es nicht ein noch wünschenwerteres verdrängt hat. Ein bedauerlicher Vorfall ist nur dann schlimm, wenn er nicht das kleinere Übel war und nicht ein größeres Unglück verhütet hat. Zu jedem umstrittenen Faktum müssen wir, wenn wir es werten, die nächstwahrscheinliche Alternative hinzudenken.

Schwer zu berücksichtigen ist Kants Einsicht, daß sittlich gut niemals eine Handlung, sondern immer nur ein Wille sein kann. Denn dieser ist aus jener nicht mit Sicherheit erschließbar. Der Wille kann »rein« sein, die Handlung dagegen muß Rücksicht üben, muß Widerstände niederwerfen, muß Unkosten in Kauf nehmen. Darum stellt sich bei der moralischen Beurteilung einer Tat immer rasch die Frage nach der Berechtigung der gewählten Mittel und der in Kauf genommenen Folgen. Welche Ziele rechtfertigen welche Opfer?

Eine Antwort darauf kommt wiederum am pragmatischen Kalkül objektiver Möglichkeitsurteile nicht vorbei. Wer da meint, die Prinzipien der Französischen Revolution hätten sich bei etwas mehr Geduld auch ohne das Fallbeil durchgesetzt, wer der deutschen Einheitsbewegung oder dem russischen Sozialismus den Erfolg auch ohne die dafür geopferten Toten zutraut, wird über die Protagonisten anders urteilen als jemand, der jenen Preis zwar für bedauerlich, aber für unvermeidlich hält. Die Kontroverse dreht sich um ungeschehene Geschichte.

Noch deutlicher wird dies, wo der Wert eines Ereignisses aus dessen (angeblichen) Folgen hergeleitet wird. Hierbei werden Werturteile mit Kausalurteilen begründet, die wiederum aus Erwartungen unterbliebener Möglichkeiten erwachsen. Durch entsprechende Alternativkonstruktionen lassen sich die anscheinend sichersten Wertungen erschüttern. Die solonischen Reformen werden plötzlich zu Bremsen der Demokratisierung, indem sie die Beseitigung der Grundbesitzerschicht verhindert hätten, die zu allen Zeiten der Gleichheit der Bürger im Wege stand und vom Beginn der Makedonenherrschaft bis zum Ende der Römerzeit wieder, wie vor Solon, die Macht in der Hand hielt. Warum also Solon feiern? Die Erneuerung des Römerreiches durch Diocletian und Constantin hat das Mittelalter um zweihundert Jahre verzögert. Hätte sich das Imperium im 3. Jh. aufgelöst – und es stand kurz vor der Auflösung – dann wären die blutigen Endkämpfe zwischen Römern und Germanen nicht nötig gewesen und der Übergang zum Vielvölkersystem des Mittelalters hätte früher und reibungsloser erfolgen können. Wozu also die Hochachtung vor den Reformkaisern? Die bismarckschen Sozialgesetze haben den Klassenkampf verschleiert und durch demagogische Philanthropie die Selbstbefreiung der Arbeiterschaft und damit die Weltrevolution und die Schaffung der klassenlosen Gesellschaft verhindert. Warum Bismarck loben?

Ich nenne diese Thesen nicht, weil sie überzeugen, sondern weil sie mit Wenn-Dann-Behauptungen operieren. Nach dieser Logik war die deutsche Geschichte seit Arminius nichts weiter als ein zielgerichteter Marsch auf Auschwitz, die amerikanische Geschichte eine konsequente Vorbereitung auf Hiroshima, die russische Geschichte ein unausweichlicher Weg in den Archipel Gulag. Die Begründung wie die Kritik derartiger Thesen beruhen auf der Plausibilität unverwirklichter Alternativen.

Eine Fülle von Beispielen für eine solche Ableitung von Werturteilen liefert Jacob Burckhardt. In seinen »Weltgeschichtlichen Betrachtungen« (1868/1935, 252) lesen wir eine ganze Liste von »erfreulichen« und »unerfreulichen« Freignissen. Erfreulich erscheinen all jene, die dazu beigetragen haben, daß wir sind, was wir sind, woran unsere tiefe und höchst lächerliche Selbstsucht« allerdings nicht ganz unbeteiligt ist. Unerfreulich hingegen sind alle überflüssigen Gewalttaten. Da jedoch auch das Böse »ein Teil der großen weltgeschichtlichen Ökonomie« ist, bedarf es der Lehre von der »Kompensation«, um ihren Sinn zu verstehen. So war die Völkerwanderung einerseits ein Unglück, weil damals »vieles von den höchsten Errungenschaften des menschlichen Geistes unterging«, andererseits ein Glück, weil »die Welt dabei erfrischt wurde durch neuen gesunden Völkerstoff«.

Burckhardt empfiehlt, mit diesem Aufrechnen vorsichtig umzugehen, und er hat recht damit. Denn anderenfalls verlöre Hitler den wohlbegründeten Anspruch darauf, das größte Unheil in unserem Jahrhundert gestiftet zu haben. Nehmen wir an, die Ewige Verdammnis hätte ihm zum fünfzigsten Jahrestag seiner Machtergreifung Urlaub gewährt, um sich vor uns als seinen irdischen Richtern zu verantworten, so hätte er sagen können: »Was wollt ihr? Gewiß habe ich in Verblendung gehandelt, ihr mögt es dumm oder böse oder beides nennen. Aber war es euer Schade? Der Kommunismus verdankt mir die Ausdehnung des sozialistischen Lagers bis an die Werra. Die Russen haben eine halbe Million Quadratkilometer dazugewonnen. Die Polen verloren zwar die Pripjet-Sümpfe, erhielten aber Pommern und Schlesien und bekamen wieder einen eigenen Staat. Dem Westen habe ich das Vordringen der Demokratie bis an die Elbe beschert. Den Arabern habe ich ihren jüdischen Erbfeind dezimiert. Der Nationalzionismus wurde mit dem Staat Israel belohnt, ohne mich gäbe es ihn schwerlich. Der Holocaust ist ein moralisches Kapital, von dem noch die Eltern des Messias zehren werden. Die Deutschen sind auf absehbare Zeit gegen die Versuchung faschistischer und imperialistischer Parolen gefeit. Den Bürgerkrieg zwischen Demokraten und Kommunisten verhindert der Eiserne Vorhang, außerdem unterbindet er die weitere Westwanderung deutschen Volkstums und den Verlust zusätzlichen Lebensraumes an die Slawen. Wirklich böse können mir nur jene Heimatvertriebenen sein, die damals meine Politik bekämpft haben und heute lieber in Kaliningrad, in Bydgoszcz oder in der Woiwodschaft Wroclaw wohnen würden. Wer nach dem Kriege am Wiederaufbau verdient hat, wer das Erbe seines gefallenen Onkels oder die Position seines emigrierten Konkurrenten übernommen hat, was wäre der ohne mich? Stand ich denn allein? All eure chauvinistischen und expansionistischen Gelüste, all eure totalitaristischen und rassistischen Sünden ladet ihr nun auf mein Haupt. Macht mich nur zu eurem Sündenbock, fühlt euch erleichtert, aber sagt wenigstens einmal in eurem Herzen: Führer, wir danken dir!«

Der Gedanke an Hitler könnte nicht nur durch die wirklichen Nutzeffekte, sondern auch durch solche Alternativen erträglich werden, die noch schrecklicher wären, noch mehr Opfer gekostet hätten. Es hätte sein können, daß ohne Hitler in Deutschland der Kommunismus gesiegt hätte und dann auch Frankreich, Spanien und Italien unter den Einfluß Moskaus geraten wären. Die kommunistische Bewegung in jenen Ländern war stark. Über den Streit um England wäre es dann programmgemäß zum Konflikt zwischen Kapitalismus und Kommunismus, zwischen den Vereinigten Staaten und einem Roten Eurasien gekommen. Der tatsächlich dann durch die unwahrscheinliche gemeinsame Front von Churchill und Stalin gegen Hitler aufgeschobene Ost-West-Konflikt hätte sich bereits in den frühen Vierziger Jahren entwickelt, und statt des Zweiten hätte der Dritte Weltkrieg, am Ende mit Atombomben stattgefunden. Nicht nur Deutschland, ganz Europa wäre in Schutt und Asche versunken.

Wer in der Zynik keinen Einwand gegen die Logik erblickt, kann durch geeignete Alternativannahmen selbst Vorgänge wie den Letzten Weltkrieg ertragen. Zu jedem Ereignis können wir, wenn auch mit unterschiedlicher Plausibilität, angenehmere und unangenehmere Alternativen denken. Aufs Ganze gesehen, kommt dabei vermutlich eine ausgeglichene Bilanz heraus. Die Menschheit wird von der Geschichte so gut und so schlecht behandelt, wie sie's verdient.

2.5

Neben der Absicht, unser Wissen zu erweitern, Entscheidungen zu verstehen, Zusammenhänge zu durchschauen und Wertungen vorzunehmen, bewegt uns noch ein fünfter Grund, nach unverwirklichten Möglichkeiten zu forschen. Wir versetzen uns in die Lage der Handelnden, überschauen ihren Erwartungshorizont und fragen mit ihnen, welchen Grad an Wahrscheinlichkeit die einzelnen Ausblicke besaßen. Die Durchführbarkeit der verschiedenen Projekte war stets an leichter oder schwerer zu erfüllende Bedingungen geknüpft; je geringer die Erfolgsaussichten sind, desto größere Anstrengungen sind erforderlich.

Die gemeinsame Faktizität alles Faktischen kann nicht verdekken, daß im einzelnen erhebliche Unterschiede darin bestehen, wie weit die eingetretenen Ereignisse geplant oder ungeplant, vorhersehbar oder unvorhersehbar, zufällig oder zwangsläufig waren. Wer die verschiedenen Stringenzen aus den Ereignisfolgen herausbügelt, indem er alles Geschehen für chaotische Willkür oder aber für eherne Gesetzlichkeit erklärt, kommt zu dem Ergebnis, daß entweder alles oder aber nichts machbar sei. Das eine ist so unsinnig wie das andere. Möglichkeit ist »etwas Abstufbares« (v. Kries 1888, 182).

Hinsichtlich ihrer Wahrscheinlichkeit lassen sich die geschichtlichen Ereignisse idealiter in zwei Klassen einteilen. Die einen lagen im engeren Bereich des zu Erwartenden. Sie brachten Spannungen zum Ausgleich, lang anhaltende Bestrebungen zum Erfolg, auslaufende Vorgänge zum Abschluß und werden deswegen von uns als fällig empfunden. Die anderen dagegen traten unvorhergesehen ein. Sie lagen entweder als Zufälle undefinierbar irgendwo im Reiche des Möglichen oder als Sonderfälle an dessen innerem Rande. Sie störten ein bestehendes Gleichgewicht, unterbrachen einen langfristigen Prozeß und erscheinen uns als Ausnahmen.

2.501

»Wahrscheinlichkeit ist die quantitative Fassung des Begriffs der Möglichkeit«, schrieb C. F. von Weizsäcker im ersten Bändchen der Kleinen Vandenhoeck-Reihe (1948/54, 43). Den Begriff des Möglichen beschränkte er auf Künftiges, so daß für Vergangenes die Frage der Wahrscheinlichkeit gegenstandslos würde. Das aber trifft nicht zu, wie ein pseudohistorisches Gedankenexperiment zeigt: Als ich gestern auf Anhieb eine Sechs würfelte, war das weniger wahrscheinlich, als daß ich eine Nichtsechs gewürfelt hätte. Noch weniger wahrscheinlich war es, daß der Würfel auf einer Ecke stehen blieb. Wem das unmöglich erscheint, der flache die Ecken des Würfels ab, dann kann es schon einmal vorkommen. Die Wahrscheinlichkeit wächst, je weiter die Ecken abgeflacht sind. Insofern lassen sich grundsätzlich auch bei vergangenen Ereignissen Wahrscheinlichkeitsgrade unterscheiden, Zufälle ausmachen.

2.502

»Je älter man wird, desto mehr überzeugt man sich davon, daß drei Viertel der Geschäfte in dieser miserablen Welt durch seine geheiligte Majestät den Zufall besorgt werden«. Diese Huldigung Friedrichs d.Gr. (9.X. 1759 an Voltaire) vor *sa sacrée Majesté le Hazard* bezeugt eine für das Alter von 47 Jahren eher ungewöhnliche Verbin-

dung von Einsicht und Ermüdung. In jüngeren Jahren sind wir zu
etwas mehr Optimismus berechtigt. Grundsätzlich gehen wir im Leben wie in der Geschichte davon aus, daß vergangene Ereignisse
erklärt, künftige Ereignisse vorausgesehen werden können. Die dafür unterstellte Regelhaftigkeit des Geschehens ist ein Gebot der Vernunft Bei dem Versuch, ihm zu willfahren, stoßen wir freilich immer
wieder auf Unberechenbares, auf Willkürliches, auf Zufälliges, wenn
sich zwei in sich logische Regelfolgen berühren.

In reinster Form wirkt der Zufall, wo Losentscheidungen getroffen werden. In der attischen Demokratie wurden die höchsten Staats-
ämter ausgelost. Als es um den Oberbefehl bei der Schlacht von
Marathon ging (Herodot VI 109ff.), konnte das bedenkliche Folgen
haben. In der Völkerwanderung kam es mehrfach vor – so 409 in
Spanien und 473 in Pannonien – daß germanische Stammesbünde
von ihrer Auflösung durchs Los die Teile des Reiches bestimmten,
die sie dann in Besitz nahmen.

Eine wichtige Form des Zufalls in der Geschichte bilden »willkürliche« Willensentscheidungen der führenden Persönlichkeiten.
Constantins Entscheidung für das Christentum, Justinians Kodifika-
tion des römischen Rechts, Karls des Großen Übernahme des Kaiser-
titels waren individuelle, unberechenbare Akte. Aus deren Innen-
perspektive handelt es sich dabei freilich um eine Verwirklichung
von langfristigen Absichten oder um Ausdrucksformen eines mehr
oder weniger gleichbleibenden Charakters. Für den Außenstehen-
den aber sind solche Entschlüsse oft schwer voraussehbar und erscheinen darum zufällig. Die Folgen indes lassen sich aus vorgegebenen Rahmenbedingungen erklären.

Zufällig sind alle nicht oder schwer kalkulierbaren Naturereignis-
se, die auf Geschichte einwirken. Die Sonnenfinsternis während der
Schlacht zwischen Lydern und Medern am 28. Mai 585 v.Chr. und
die Seuche in Athen zu Beginn des Peloponnesischen Krieges 429
v.Chr., der Tod von Thomas Jefferson am fünfzigsten Jahrestag der
Unabhängigkeitserklärung der Vereinigten Staaten 1826 und der
Krebs im Kehlkopf Kaiser Friedrichs III. 1888 – all das sind Zufälle.
Wir sagen »ausgerechnet«, als ob es von einer höheren Macht zu-
sammengefügt worden sei. Wir reden vom »dummen« Zufall, weil
wir unsererseits zu dumm sind, ihn vorauszusehen »Mitunter wan-
deln sich die Verhältnisse ebenso unberechenbar wie die Ansichten«,

sagt Perikles bei Thukydides (I 140), »dann machen wir gewöhnlich das Schicksal verantwortlich«.

Wilhelm von Humboldt (I 380) schrieb in seiner Schrift über das achtzehnte Jahrhundert: »Das allgemeine Bestreben der menschlichen Vernunft ist auf die Vernichtung des Zufalls gerichtet«. Er glaubte, das sei durch die Erkenntnis der Natur und durch Beachtung der Sitte erreichbar. Dieser Glaube hat sich nicht bestätigt. Die Kategorie des Zufalls hat sich als resistent erwiesen. Dennoch wird der Historiker höchst sparsam mit dem Begriff Zufall umgehen, denn die Berufung auf ihn ist stets ein Offenbarungseid des fachlichen Unvermögens. Erst recht wäre es widersinnig, schlechterdings alles als zufällig zu erachten. Der Begriff des Zufalls verlöre dabei seine Unterscheidungsfunktion. Wir erkennen den Zufall nur vor dem Hintergrund von *nicht* zufälligen Ereignisfolgen, bestimmen ihn im Gegensatz zur regelhaften kausalen Gesetzlichkeit. Dieses grenzt einerseits die Spielbreite, andererseits die Folgewirkungen des Zufalls ein.

Der Übergang zwischen Zufall und Regel ist fließend. Es gibt Grade an Zufälligkeit, Grade an Regelhaftigkeit. Sie können als Grade an Ordnung verstanden und verbunden werden. Das Maß an Ordnung innerhalb einer Erscheinungsmenge wächst mit deren Größe. Bei der Beobachtung über längere Zeiträume hinweg zeigen sich in den Ereignisfolgen statistische Gesetzmäßigkeiten, die prognostische Wahrscheinlichkeitsurteile erlauben.

Marc Bloch (1949/85, 97f.) erklärte die Fragen nach der Wahrscheinlichkeit von Ungeschehenem für »bloße Gedankenexperimente, die das Element des Zufälligen und Unvorhersehbaren im Gang der Menschheit verdeutlichen sollen.« Die Begründung der Relevanz ungeschehener Geschichte mit der Realität des Zufalls ist aber eigentlich zirkulär. Denn Zufall nennen wir gerade das, was sich leicht weg- oder umdenken läßt, so daß unvermeidlich Alternativen in den Blick rücken. Kein Historiker würde Caesars Feldzüge in Gallien als Zufall ansehen; Zufall aber war der Tod des Metellus Celer, der es ermöglichte, daß an seiner Stelle Caesar Proconsul der Narbonensis wurde und von hier aus Gallien erobern konnte. Der Siebenjährige Krieg lag in der Linie der Politik Friedrichs d.Gr.; der Tod Elisabeths von Rußland hingegen, der Friedrichs Erfolg möglich machte, war nicht vorauszusehen. Todesfälle demonstrieren den Einfluß unberechenbarer Faktoren auf den Gang der Dinge. Bisweilen hat man versucht, den Zufall zu beschwören. Goebbels hoffte 1944 darauf, daß sich die Wende des Siebenjährigen Krieges, das »Mirakel des Hauses Brandenburg«, wiederhole. Hitler benannte sein Hauptquartier bei Rastenburg »Wolfsschanze« nach dem Bollwerk, auf dem 1807 Nettelbeck und Gneisenau die Stadt Kolberg gegen Napoleon verteidigt haben. Zufälle wiederholen sich nur zufällig – auf sie zu trauen, ist leichtfertig. Das jeweils eingegangene Risiko müssen wir abschätzen können, wenn wir die Verantwortlichkeit der Handelnden abmessen wollen.

2.51

Die Variationsbreite an plausiblen Alternativen, wie sie in der Macht des Zufalls stehen, hängt in der Geschichte ab von dem Stadium, in dem sich eine Entwicklung befindet, und von dem Sektor, um den es geht. Es gibt weiche und harte Zustände, formbare und spröde Gegenstände der historischen Entwicklung.

Eine vergleichsweise hohe Einwirkungsmöglichkeit auf den Gang der Geschichte haben Zufallskonstellationen in Früh- und Übergangsstadien. Caesar an den Iden des März 44 v.Chr. auf dem Wege zum Theater des Pompeius, Luther im April 1521 auf dem Wege nach Worms, Lenin am 8. April 1917 auf dem Wege zum Zürcher Bahnhof ... jeder der drei, so meinen wir, hätte noch umkehren können. Sobald aber der Stein erst einmal ins Rollen gekommen ist, dann ist er nicht mehr zu halten.

Zahlreiche historische Prozesse haben Trichterstruktur. Sie beginnen mit einem Zustand großer Spielbreite, wo noch allerhand möglich ist, verengen sich im Laufe der Zeit, und gewinnen an Tempo im gleichen Maße, wie sie an Freiheit verlieren. Das erste steht uns frei, beim zweiten sind wir Knechte. Im Endstadium wird dann der Rückblick auf die Zufälle reizvoll, die das Ganze ermöglicht haben oder hätten verhindern können.

Experimentierphasen folgen gewöhnlich dem Ende einer politischen oder geistigen Hegemonie. In der deutschen Geschichte gehören dazu die späte Stauferzeit und das Interregnum, die stürmische Periode der Reformation, die Zeit nach dem Sturz Napoleons, nach der Hohenzollernherrschaft und nach dem Hitlerstaat. Jedesmal stand man in einer Stunde Null, einer Anfangsphase, in der noch vielerlei möglich war.

In der antiken Literatur gibt es den Topos der Bedrohung des Heldenkindes. Hera schickte dem »durch sie berühmten« jungen Herakles zwei Schlangen in die Wiege, die ihn beinahe erwürgt hätten. Der kleine Moses wurde in einem Korb in den Nil gesetzt, in dem er beinahe ertrunken wäre. Herodes befahl den Bethlehemitischen Kindesmord, dem Jesus beinahe zum Opfer gefallen wäre. Auch Ödipus und Pyrrhos, Romulus und Remus entrannen einer solchen Gefahr, deren Überwindung als ein Werk der Vorsehung betrachtet wird. Stets liegt das Gedankenspiel zugrunde, wie leicht es doch hätte anders ausgehen können.

Symmetrisch hierzu ist die Annahme Burckhardts (1868/1935, 213), daß längst nicht alles groß wird, was groß werden könnte. Er rechnet mit einer beträchtlichen Anzahl von Genies, denen ungünstige Bedingungen die Entfaltung verwehrt hätten. Seine Begründung ist die »bekannte Sparsamkeit der Natur«, die das Positive mit dem Negativen verrechnet. Der Glaube an eine dergestalt ausgeglichene Bilanz führt indes auf eine providentielle Kompensation und ist kaum weniger metaphysisch als der Glaube an Schutzengel.

Für den Kitzel des haarscharf Verfehlten ist auch das moderne Publikum empfänglich. Gregorovius (1854/1954, 156) beschreibt, wie Laetitia Ramolino, schwanger mit Napoleon, dem »politischen Faust«, um ein Haar im Liamone ertrunken wäre, und Burckhardt (1881, 136f.) berichtet, wie es dem Vater Napoleons nur durch einen riskanten Betrug gelang, seinen Sohn auf die Kriegsschule von Brienne zu bringen, für die er in Wahrheit schon zu alt war. Jedem Besucher des Leuchtturms von Biarritz wird erzählt, wie Bismarck hier 1865 beinahe ertrunken wäre und nur durch einen aufmerksamen Wärter gerettet wurde. Unausrottbar hält sich die von Willi Paul Adams bekämpfte »Mühlenberg-Legende«, daß bei der Abstimmung über die Staatssprache in den USA nur eine Stimme gefehlt hätte, um dem Deutschen den Sieg zu verleihen. Alle Welt weiß aus Adenauers »Erinnerungen« (1965, 231), daß seine Wahl zum Bundeskanzler am 15. September 1949 an einer einzigen Stimme, seiner eigenen gehangen hat. Das trifft indes nicht ganz zu. Denn sein eigenes Votum war zu erwarten, nicht aber das jenes unbekannten Abgeordneten der Bayernpartei, der überraschend für ihn gestimmt hat.

Gerüchte dieser Art sind möglich, weil in Krisenmomenten tatsächlich kleine Faktoren große Entscheidungen bewirken können. Selbst ein Floh, meinte der Kyniker Oinomaos, könne den Verlauf menschlicher Handlungen beeinflussen und Ausgangspunkt einer neuen Ereignisfolge werden. In einer Patt- oder Kampfsituation, bei Friedens- und Vertragsabschlüssen, bei der Gründung von Institutionen und Staaten geben oft Kleinigkeiten den Ausschlag. Beispiele liefert wieder die Kriegsgeschichte. Caesar gewann seine letzte Schlacht gegen Vercingetorix, indem er sich selbst im kritischen Moment mit dem roten Feldherrnmantel ins Kampfgeschehen mischte. Napoleon hat gesagt, er habe die Schlacht bei Arcole mit 25 Reitern gewonnen, die er im richtigen Augenblick eingesetzt hat. Auch in politischen Konflikten gibt es derart labile Situationen. Der Versuch des Kölner Erzbischofs Gebhard Truchseß von Waldburg 1582, sein Kurfürstentum zu reformieren, scheiterte an einer momentanen Kräfteverteilung. Wäre er gelungen, hätte es eine evangelische Mehrheit im Kurkolleg gegeben und die konfessionell labile Lage in Nordwestdeutschland hätte sich zugunsten des Protestantismus verschoben. Der Ausgang des Verfassungskonfliktes 1862 in Preußen hing am Funktionieren jener Telegraphenleitung, über die Roon Bismarck aus Paris nach Berlin rief; die Frage, ob der König geht oder Bismarck kommt, war zeitweilig offen. Es ist deutlich, »daß damals auch eine ganz andere Richtung der preußischen und deutschen Geschichte möglich war« (Nipperdey 1983, 758).

In solch fruchtbaren Augenblicken fallen Entscheidungen, die im verfestigten Zustand einer längeren Tradition nur noch mit größter Mühe oder gar nicht mehr zu ändern sind. In der Geschichte werden lange Rotphasen durch nur kurze Grünphasen unterbrochen. Ein groteskes Beispiel dafür liefern die mit dem Lineal gezogenen Grenzen der ehemaligen Kolonialmächte in Afrika. So manifest unsinnig sie vielfach unter heutigen Gesichtspunkten sind, so unabänderlich scheinen sie festgeschrieben. Selbst der Caprivi-Zipfel aus dem Helgoland-Abkommen von 1890 hat die Entkolonialisierung überdauert. Die Zeiten, in denen die Strukturen sich verflüssigen, sind selten, aber stets von besonderem historischen Interesse.

Wenn Physiker wie Weizsäcker (Sachsse 1979, 144) neuerdings von der inhomogenen Struktur der Zeit sprechen, so ist das dem Historiker eine vertraute Sache. Gelegenheiten sind unwiederbringlich, man muß sie am Schopf ergreifen. Daran gemahnt Carmen Buranum XVI:

Verum est, quod legitur,

fronte capillata,

sed plerumque sequitur

occasio calvata.

2.52

Neben dem Zeitpunkt ist der Sektor des Geschehens wichtig, wenn wir nach dem Einfluß des Zufalls forschen. Ist das Interesse an einer bestimmten Entwicklung sehr stark oder weit verbreitet, so löst sich diese von Einzelentscheidungen und Zufällen und gewinnt eine scheinbar eigendynamische Determinanz.

2.521

Sie ist am deutlichsten im Bereich des technisch-zivilisatorischen Fortschritts. Er ruht auf so breiter Basis von Trägern wie von Nutznießern, daß sich für jeden früh verstorbenen Erfinder, jeden vorzeitig gescheiterten Entdecker ein Ersatzmann annehmen oder gar ausfindig machen läßt. Gutenberg hat sich die größte Mühe gegeben, den von ihm erfundenen Buchdruck mittels beweglicher Lettern geheim zu halten, doch waren die Vorkenntnisse dazu und das Bedürfnis danach so verbreitet, daß es nicht gelang. Ohne Gutenberg, so scheint es, wäre seine Erfindung wenig später auch jemand anderem gelungen, vielleicht Zainer, Caxton, Schöffer oder einem anderen der frühen Drucker. Zur Zeit des Kolumbus wurden die Weltmeere eifrig befahren, darum wäre auch ohne ihn Amerika wenig später wiederentdeckt worden. Das erforderliche geographische Wissen und die nautische Technik standen Seefahrern wie Amerigo Vespucci und Vasco da Gama ebenfalls zur Verfügung, und mit seiner Eintragung in das Bordbuch vom 23. Dezember 1492 »Gott helfe mir in seiner Barmherzigkeit, die Goldminen zu finden«, hat Kolumbus auch anderen Zeitgenossen aus dem Herzen gesprochen.

Werner Heisenberg (1969/81, 266) meinte, »wenn Einstein nicht die Relativitätstheorie entdeckt hätte, so wäre sie früher oder später von anderen, vielleicht von Poincaré oder Lorentz formuliert worden. Wenn Hahn nicht die Uranspaltung gefunden hätte, so wären vielleicht einige Jahre später Fermi oder Joliot auf dieses Phänomen gestoßen«. Dementsprechend dürfen wir annehmen, daß die Entropie von Rudolf Clausius oder William Thomson erkannt worden wäre, hätte nicht bereits Nicolas Carnot 1824 ihr Prinzip demonstriert. Dies gilt für die meisten Entdeckungen, an denen ein breites Interesse besteht. Sie sind hoch determiniert, bisweilen vorauszusagen. Ich prophezeie die Entdeckung des Grabes von Alexander dem Großen in Alexandria vor Ablauf einer Generation.

Den schlagendsten Beweis für die Stringenz der Entdeckungsgeschichte liefern die zahlreichen Doppelerfindungen (Merton 1961). Sie zeigen, daß die Entwicklung kaum verändert weitergegangen wäre, wenn Leibniz oder Darwin, Helmholtz oder Einstein aus dem Buch der Geschichte gestrichen worden wären. Die Wissenschaft erreicht immer wieder Punkte, wo der nächste Schritt gleichsam in der Luft liegt.

2.522

Anders als bei den Erfindern und Entdeckern sind für die großen Künstler im allgemeinen keine Ersatzleute zu erkennen. Ausnahmen bilden die durch einen Auftrag groß gewordenen Meister, zumal in der Architektur. Hier bündeln sich im Willen und im Vermögen des Bauherrn Interessen, die den Ausführenden auswechselbar machen. Parthenon und Petersdom wären zwar anders ausgefallen, aber doch auch gebaut worden, wenn Phidias und Michelangelo nicht zur Verfügung gestanden hätten. Dagegen lassen sich die Werke der Maler, Dichter und Komponisten nicht ohne ihre Urheber denken, die »Transfiguration« wäre, wie Burckhardt (1868/1935, 215) bemerkt, nicht gemalt worden, wenn Raffael in der Wiege gestorben wäre. Ob wir freilich mit Lessing (1772) Raffael auch dann den größten Maler nennen müßten, falls er ohne Hände geboren worden wäre, ist deswegen fraglich, weil wir den allergrößten Maler dabei vergessen. Das ist jener Über-Raffael, den wir eben darum nicht kennen, weil er tatsächlich dieses traurige Schicksal hatte.

Die Zufälligkeit unseres Besitzes an Kultur- und Geistesgütern ist besonders deutlich im Hinblick auf das antike Erbe. Beispielhaft ist die abenteuerliche Geschichte der Werke des Aristoteles. Alle achtzehn Dialoge des Philosophen sind verloren. Der letzte, der sie gekannt hat, war – soweit wir wissen – Alexander von Aphrodisias um 200 n.Chr. Die uns erhaltenen Texte sind bloß Lehrschriften für den Vorlesungsbetrieb. Strabon (XIII 1,54) und Plutarch (Sulla 26) berichten, wie sie von Erbe zu Erbe weitergereicht wurden, zwischendurch in feuchten Kellern moderten, schließlich nach Rom gebracht wurden und erst dann eine Neuausgabe durch Andronikos von Rhodos erfuhren (Blum 1977, 109ff.).

Das Frühmittelalter ist in der Kulturgeschichte ein Nadelöhr, indem die Erhaltung fundamentaler Texte oft an einem einzigen Manuskript hing. Die Mehrzahl der antiken Schriften ist nur durch einen singulären Archetypus überliefert. Wäre er verlorengegangen, dann hätten wir nichts von Herodot, nichts von Thukydides, nichts von Polybios; wir besäßen keinen Tacitus, keinen Ammian, keine Digesten. Sie wären ebenso untergegangen wie die 700.000 Bücher der Bibliothek von Alexandria. Die allermeisten Werke der hellenistischen und vorsokratischen Autoren sind verschollen. Von den über tausend namentlich bezeugten griechischen Historikern besitzen wir Werke von einem guten Dutzend, nach einer sehr vorsichtigen und detaillierten Rechnung sind etwa 97,5% der nachweisbaren Texte verloren. Hinzu kommt eine Dunkelziffer von Autoren und Werken, die wir nicht kennen (Strasburger 1977).

Besser überliefert sind die frühchristlichen Texte. Dennoch ist zu bedenken, daß das gesamte als ketzerisch verdächtigte Schrifttum systematisch vernichtet wurde. Selbst eine so rechtgläubige Abhandlung wie der Brief an Diognet wäre verschwunden, wenn das letzte Exemplar nicht im 15. Jh. gerettet worden wäre. Es lag als Packpapier in einer Fischhandlung Konstantinopels. Über den »Einfluß« von Hochwasser auf die Überlieferung von klösterlichen Urkundenbeständen schreibt Arnold Esch (1985, 549).

Weitgehend unabhängig vom Zufall einzelner Schöpfer, einzelner Werke und den Launen der Überlieferung bleibt die allgemeine Stilentwicklung. Die Gotik hätte es auch gegeben, wenn Notre Dame ungebaut geblieben wäre. Die Entscheidung Ludwigs XIV, die Ostfassade des Louvre nicht Bernini, sondern Perrault anzuvertrauen, hat die Abkühlung des Barock beschleunigt, nicht aber bewirkt. Bei aller Bedeutung, die Henry van de Velde für den Jugendstil besitzt, kann man doch nicht sagen, daß es diesen ohne ihn nicht gegeben hätte. So schwer es einzusehen ist, warum sich das Stilempfinden wandelt, so gewiß muß es als kollektives Phänomen hingenommen werden.

2.523

Wie die Stilentwicklung, so ist auch die Grundrichtung der Politik in breiten Schichten verankert und in ihrem großen Gang von erstaunlicher Stetigkeit. Dennoch laufen hier gewöhnlich konkurrierende Interessen nebeneinander her, so daß sich unterschiedliche Möglichkeiten eröffnen. Immer wieder gibt es knappe Entscheidungen mit weitreichenden Folgen: So bei der Entstehung der Sowjetmacht. Die Entscheidung der Deutschen Obersten Heeresleitung, Lenin aus dem Schweizer Exil nach Rußland reisen zu lassen, war nicht der einzige Knackpunkt. Ein zweiter liegt beim Tode Lenins. Seit dessen erstem Schlaganfall im Herbst 1922 spann Stalin das Netzwerk, mit dem er Trotzki als seinen gefährlichsten Rivalen ausschalten wollte. Dieser begab sich leichtsinnigerweise auf einen Jagdausflug, zog sich eine Krankheit zu und war nicht zugegen, als nach dem Tode Lenins am 21. Januar 1924 die Weichen gestellt wurden. Resignierend bemerkte Trotzki (Mein Leben 1929/1961, 457): »Man kann Revolution und Krieg voraussehen, nicht aber die Folgen einer herbstlichen Jagd auf Enten«.

Zahlreiche Staatsgründungen, Verfassungsreformen und Machtkonstellationen sind mit dem Namen einzelner Persönlichkeiten verknüpft. Deren individuelles Schicksal hängt so eng mit der großen Geschichte zusammen, daß diese abgeändert gedacht werden müßte, falls im Leben oder Tod jener Politiker irgend etwas anders gekommen wäre. Ohne Peter den Großen, Friedrich den Großen und George Washington hätte das 18. Jahrhundert, ohne Napoleon, Metternich und Bismarck hätte das 19. Jh., ohne Stalin, Churchill und Hitler hätte das 20. Jh. ein anderes Gesicht, und es lohnt wohl die Mühe, sich auszudenken, wie es ohne jene Männer ausgesehen hätte. Es ist leichter, die Relevanz der Politik für die Geschichte zu bestreiten als die Irrelevanz des Zufalls für die Politik zu behaupten.

2.524

Noch stärker als die Staatengeschichte ist die Kriegsgeschichte zufallsgebunden. Stefan Zweig hat in seinen »Sternstunden der Menschheit« das »Schicksal Napoleons und das der Welt« in den Augenblick verdichtet, in dem Marschall Grouchy am 18. Juni 1815 sich weigerte, befehlswidrig auf das Schlachtfeld von Waterloo zurückzukehren, so daß Napoleon den vereinigten Engländern und Preußen unterlag. Jeder Kampf steht zumindest vorübergehend auf des Messers Schneide und kann durch unerwartete Faktoren entschieden werden. Daher ist Alternativgeschichte bis in die jüngste Zeit ein bevorzugtes Gedankenspiel von Militärhistorikern (Cowley 1999). Unvorhergesehene Eingriffe erfolgen durch Naturgewalten. Einen prägnanten Fall berichtet Diodor (XIV 60). Im Jahre 396 v.Chr. griff der karthagische Feldherr Himilkon von Messana aus die damals von dem Tyrannen Dionysios I. beherrschte Stadt Syrakus an. Die Sikelioten, die den Tyrannen haßten, gingen zu den Karthagern über. Dionysios mußte 1.200 Sklaven freilassen, um seine Schiffe bemannen zu können. Die den Karthagern entgegenfahrende Flotte wurde geschlagen. Bei seinem Marsch auf Syrakus wurde Himilkon jedoch durch einen Ätna-Ausbruch aufgehalten, die Lava blockierte die Küstenstraße. Dies verzögerte den Angriff, Dionysios konnte seine Stadt in Verteidigungsbereitschaft setzen. Als Himilkon schließlich vor den Mauern von Syrakus erschien, brach eine Seuche unter seinen Kriegern aus, und er mußte nach glänzenden Anfangserfolgen den Angriff aufgeben. Die Griechen waren gerettet.

Naturgewalten werden als Schlachtenhelfer seltsamerweise nur auf Seiten des Siegers verzeichnet. Dieser selbst sieht darin eine Unterstützung seiner gerechten Sache durch die höheren Mächte, während der Verlierer die Schuld an seiner Niederlage auf das neidische Schicksal abwälzt. Die Bedeutung des Zufalls aber sollte nicht überschätzt werden, kaum ein Krieg hängt vom Ausgang einer einzigen Schlacht ab. Treffend bemerkt schon Montesquieu in seinen »Considérations«: *si le hasard d'une bataille, c'est-à-dire une cause particulière a ruiné un Etat, il y avait une cause générale, qui faisait que cet Etat devait périr par une seule bataille.*

2.525

Unbestreitbar ist schließlich die Religionsgeschichte vom Wirken einzelner Männer und damit vom Zufall abhängig. In Früh- und Umbruchphasen kommt auf das Wirken einzelner Religionsstifter, Propheten und Organisatoren sehr viel an. Ohne Moses, Buddha, Jesus und Mohammed können wir uns die von ihnen ausgehenden Bewegungen nicht vorstellen. Für die Geschichte des Christentums sind dann auch Männer wie Paulus und Constantin, Innocenz III und Franziskus, Luther und Loyola von außerordentlicher Bedeutung.

Der eigentliche Grund für die scheinbare Unentbehrlichkeit dieser Männer liegt darin, daß ihre Anhänger sie zum Kern eines Mythos gemacht haben. In gewisser Weise gilt das auch für Heroen wie Homer und Platon, Goethe und Marx. Deren beinahe kultische Verehrung läßt sich als reines Bedürfnis ihrer jeweiligen Gemeinde schwer fassen und ist vom Gegenstand der Devotion deswegen schwer zu lösen, weil die Anhänger sich selbst als die von den genannten Männern Gebildeten und Geformten verstehen. Diese Ergriffenheit müßte in ihrer Passivität kritisiert und in Aktivität umgedeutet werden, wenn wir sie auf Ersatzobjekte übertragen wollen, die im Falle einer Alternative akut würden.

2.6

Ungeschehenes ist ein Aspekt jeder Geschichte, nicht nur der von der Geschichtswissenschaft erforschten Menschheitsgeschichte, sondern ebenso der biographischen Lebensgeschichte jedes Einzelnen und der Naturgeschichte des biologischen und physikalischen Geschehens überhaupt. Und auch auf diesen unter und über der *historia humana* liegenden Entwicklungsebenen spielen unverwirklichte Möglichkeiten ihre Rolle.

Xenophon erzählt in seinen »Erinnerungen an Sokrates« (II 21-34) die Geschichte von Herakles am Scheidewege: Die Dame Glück und die Dame Leistung suchen eine jede den Heros auf ihren Pfad zu locken. Derartige Wegescheiden kennen wir alle, da unser Leben nur eine von hundert möglichen Bahnen durchläuft. Zu den prägbaren Phasen gehören die Kindheit und die Lebenskrisen, doch ist der Grad an Prägbarkeit von der Stärke des Charakters abhängig. Wie in der Geschichte so wirken auch auf unser Leben äußere Zufälle und Entschlüsse anderer ein; auch hier stehen wir rückschauend immer wieder vor der Frage: hätte nicht manches anders kommen können? Selbst wenn die Rahmenbedingungen der politischen Großwetterlage unverändert gedacht bleiben, können wir uns bei etwas Phantasie und Erinnerung mehrere mögliche Lebensläufe ausmalen. Max Frisch hat das 1967 in seinem Spiel »Biografie« anhand der Varianten einer einzelnen Szene vorgeführt. Wie die Zwillingsforschung lehrt, müssen wir unsere Begabung, unser Naturell als genetische Konstante betrachten, die unser Verhalten in erstaunlichem Ausmaß bestimmt (Simon 1982). Die Alternativen aber, die sich uns auch ohne unser

Zutun bieten, zwingen uns, fortwährend Möglichkeiten ungenutzt verstreichen zu lassen.

In der Psychologie heißt diese Dimension das »ungelebte Leben«. Der Begriff besagt einerseits, daß das wirkliche Leben oft als unausgeschöpft, unerlebt, unausgelebt empfunden wird. Man kann das begründete Gefühl haben, am Leben vorbeizuleben. Andererseits bezeichnet der Begriff in anfechtbarer Weise als das eigentliche Leben den großen Bereich des Versäumten, Verpaßten, Verdrängten. Beidemale entsteht im Bewußtsein des Einzelnen die Vorstellung eines verfehlten, vermiedenen Lebens, einer *vita vitiosa*, einer *vita vitata*. Sie führt zu einer schmerzhaften Schizochronie: man möchte gern eine andere Zeit durchleben. Victor von Weizsäcker hat dem Leidensborn des Unausgelebten seine Aufmerksamkeit geschenkt (Zacher 1984). Er hat den Schritt zur Geschichte herüber getan, indem er die Wirksamkeit der Vorstellung von Unwirklichem heraushob, einstmals die Idee von Himmel und Hölle, heute Ängste und Hoffnungen. Was die Leute zu diesem oder jenem treibt, sind oft genug Visionen. Das Bild des Möglichen bestimmt die Gestalt des Wirklichen. Weizsäcker schrieb: »Auch die Wissenschaft von der Geschichte kann, scheint mir, nicht fortschreiten, wenn sie dem gelebten Leben und der getanen Tat den Vortritt überall gibt, wo wirksam doch das ungelebte Leben und die verhinderte Tat ist« (1950, 279; 191). Die Wirkung läuft über das Bewußtsein, aber nicht nur über das des Betroffenen, der einen (negativen) Defekt als (positiv) drückend empfinden kann, sondern ebenso über das des Beobachters, sofern er weiß, was dem Betroffenen fehlt. Alle historischen Erklärungen, die mit Mangelerscheinungen und Unterlassungssünden argumentieren, nutzen das Arsenal des Möglichen.

Unverwirklichte Möglichkeiten im belebten und unbelebten Naturgeschehen resultieren aus dem statistischen Charakter der Naturgesetze. Sie verleihen der Ereignisfolge Wahrscheinlichkeit, nicht aber Notwendigkeit. Insofern wir in der Natur kein Bewußtsein nachweisen können, das die (geistige) Anwesenheit von (körperlich) Abwesendem gestattet, haben unverwirklichte Möglichkeiten in der Erklärung von Naturgeschichte eine geringere Bedeutung als in der Erklärung von Menschengeschichte. Die Wanderung von Tieren und Menschen in unbekannte Lebensräume hat beidemale unerschöpfte Lebensmöglichkeiten zur Voraussetzung, resultiert aber bei den Tieren aus bloß experimentellem Appetenzverhalten, während Menschen gewöhnlich aufgrund planender Vorstellung von verwirklichbaren Chancen handeln. Uns bewegen Hoffnung und Furcht.

2.7

Überlegungen zu imaginärer Geschichte sind alles andere als ein müßiges Unterfangen. Wenn wir ungeschehene Möglichkeiten nicht konstruieren dürfen, können wir geschichtliche Wirklichkeit nicht rekonstruieren. Das Nachdenken über Alternativen ist ein unentbehrliches Geschäft der Geschichtswissenschaft. Die Kräfte, die sich durchgesetzt haben, können wir nur beurteilen im Vergleich zu jenen, die unterlegen sind. Die Ereignisse, die eingetreten sind, gewinnen ihr Profil erst vor dem Hintergrund jener, die anderenfalls zu erwarten gewesen wären. So weit die unverwirklichten Möglichkeiten eine erkennbare Chance besaßen, dient ihre Erfassung einer Vervollständigung unseres historischen Wissens. Denn bei der Suche und Begründung von Alternativen treten anderenfalls übersehene Fakten zutage. Wir fördern Unterströmungen, Begleiterscheinungen und Ansätze ans Licht, die durch die Dominanz des Fortgangs verschüttet worden sind. Hier werden Potentiale ausgeschöpft, Oubliettes erschlossen, und darauf beruht der heuristische Wert unserer Frage.

Die Kategorie der Möglichkeit liegt zahlreichen unentbehrlichen Begriffen der Historikersprache zugrunde. Wer von »Absicht« und »Erfolg«, von »Gelegenheit« und »Versuch«, von »Risiko« und »Gefahr« spricht, rechnet mit Möglichem und Wahrscheinlichem, das es abzuschätzen gilt.

Nikodemiten unter den Historikern, die das damit verbundene intellektuelle Wagnis der Entscheidung scheuen, mögen sich mit dem Archivieren, Registrieren und Typisieren bescheiden. Die Beschränkung auf eine positivistische Faktensuche ist eine respektable Haltung, doch sollte sie andere nicht daran hindern, die bereitgestellten Materialien zu Sinngebäuden zu verarbeiten. Das antiquarische Vergnügen am Einzelfall deckt nur den einen Teil des Interesses an der Geschichte. Der andere umfaßt die Bedeutung des Geschehens. Gewiß bleibt der Einwand richtig, daß das, was nicht stattgefunden hat, auch keine Bedeutung besitzt. Die nicht eingetretenen Möglichkeiten haben selbst keinen Belang, liefern uns aber die notwendige Folie, vor der wir die Bedeutung des wirklich Geschehenen erst erken nen. Irrealität ist ebensowenig ein Argument für Irrelevanz wie Realität kein Argument für Relevanz ist.

Die Frage nach unverwirklichtem Geschehen hat nicht zuletzt auch einen didaktischen Sinn. Er liegt in der Einübung in die politische Freiheit. Das Durchdenken mehrfacher Möglichkeiten, vor denen wir heute stehen, läßt sich am Planspiel vergangener Alternativen studieren. Beruht nicht jedes Interesse an der Geschichte auf dem sicheren Gefühl, daß alles auch anders hätte kommen können? Niemand fragt, warum im September 1939 die Äpfel geerntet wurden, warum im Mai 1945 die Nachtigallen sangen. Uns beschäftigt das Außergewöhnliche. Nur weil Verschiedenes möglich war, fragen wir, warum es denn »ausgerechnet« so gekommen ist, wie es gekommen ist. Nur so werden jene lautstarken Stimmen kritisierbar, die behaupten, es werde *so* kommen, *wie* sie es behaupten. Wenn Geschichte überhaupt etwas lehren kann, dann nur, weil das, was vor uns liegt, wie das, was wir hinter uns haben, gleichermaßen eine Folge von Entscheidungssituationen darstellt.

3. Begründungsweisen

Minimis momentis maximae inclinationes temporum fiunt.

Cicero

Ein Denker, der erst über die Methode und dann über die Sache nachsänne, gliche, wie Schopenhauer (II 833) bemerkt, »einem Menschen, der zuerst sich ein Lied sänge und hinterher danach tanzte«. Indem das Umgekehrte noch schwieriger ist, stelle ich *pace philosophi* die Argumentationsformen den Beispielen voran.

Wir haben gesehen, daß der Historiker im Dienst seiner ureigensten Aufgabe über ungeschehene Geschichte nachdenken muß. Nun ist die Frage anzuschließen, welche Substitutionsmethoden ihm zur Verfügung stehen. Der zweite der oben ausgeführten Einwände gegen Alternativkonstruktionen war, daß dies bloß eine *Ars Lulliana* sei, allenfalls für den Einfallsreichtum ihres Autors bezeichnend, nicht aber verbindlich für die Annahme dessen, was statt des Geschehenen hätte geschehen können und was geschehen wäre, wenn bestimmte irreale Ereignisse eingetreten oder bestimmte reale Ereignisse ausgeblieben wären.

Um die Unvergangenheit überhaupt in den Blick zu bringen, benötigen wir kein Drittes Gesicht. Unhistorische Möglichkeiten lassen sich aus der Kenntnis der Vergangenheit ableiten und mithilfe von Erfahrungsregeln auf ihre Wahrscheinlichkeit hin prüfen. Eine besondere Denktechnik ist nicht erforderlich. Wir benötigen dasselbe Regelwerk von Phantasie und Kritik, wie wir es in der historischen Werkstatt bereits vorfinden. Andersartig ist nur der Stoff, mit dem wir es zu tun haben, und das Resultat, das wir erzielen.

3.1

Bevor wir uns mit den Formen des Argumentierens zugunsten eventualhistorischer Alternativen befassen, sollten wir uns Rechenschaft darüber ablegen, wieso wir überhaupt außerhalb des Bereiches geschehener Geschichte ein Umfeld von nicht realisierten Chancen annehmen, weshalb wir grundsätzlich mit unverwirklichten Varianten zum Tatsächlichen rechnen müssen. Erst wenn wir die (logische) Möglichkeit von (historischer) Möglichkeit eingesehen und die Potentialität als abgestuftes Intermundium zwischen dem Undenkbaren und dem Realen erkannt haben, hat es Sinn, die Plausibilitäten der jeweils erkennbaren Möglichkeiten abzuschätzen.

Der Begriff der Möglichkeit und seine Synonyma stammen sprachgeschichtlich aus der Welt des menschlichen »Vermögens«. Daraus erklärt sich zweierlei. Es ist zum einen der quantitative Überhang des Möglichen gegenüber dem Wirklichen. Wir können mehr als wir tun. Das, was wir vermögen, wird durch das, was wir machen, nicht ausgeschöpft. Vielmehr macht jede Tat eine Reihe von Alternativen zugleich praktisch unmöglich und theoretisch sichtbar. Jedes Faktum öffnet ein Fenster, aus dem wir auf eine große, aber unzugängliche Gegend blicken.

Zum andern besitzt das Wirkliche einen modalen Vorsprung vor dem Möglichen. Deswegen ist oft abschätzig von »bloßer« Möglichkeit die Rede. Wir verstehen unser Tun als Verwirklichen von Möglichem, das uns schon vorher vor Augen schwebt. Wir schmieden Pläne. Sie entspringen unserer Vorstellungskraft, so wie die Handlungen unserer Tatkraft entwachsen. Solange und soweit die Möglichkeiten unverwirklicht bleiben, wohnen sie, wie die Gedanken sonst, nur in unseren Köpfen (und Büchern). Das ist kein Einwand gegen ihre allfällige Richtigkeit. Sie können andere überzeugen und so intersubjektive Zustimmung erringen. Das ist auch kein Einwand gegen ihre potentielle Wirkung. Sie können plötzlich akut werden und die Welt verändern.

Dutzende von Erfindungen und Entdeckungen sind Jahrhunderte vor dem Zeitpunkt gemacht worden, zu dem sie wirksam wurden und Anerkennung fanden. Ein unerschöpfliches Arsenal dafür bietet die griechisch-römische Antike: Sie kannte den Dampfdruck und die Atomtheorie, die Kugelgestalt der Erde und das heliozentrische Sonnensystem, die radikale Demokratie und den totalitären Überwachungsstaat. Platon erwähnt einen Kontinent im atlantischen Ozean, Lukian beschrieb eine Reise zum Monde. Man könnte die spätere Geschichte als Testamentsvollstreckung der Antike deuten.

3.11

Gefragt, was denn in der Geschichte überhaupt möglich sei, antworte ich mit Wittgenstein (1921/60, 19): »Was denkbar ist, ist auch möglich«. Bisweilen heißt es, daß Unvorstellbares geschehen sei, doch übersteigt dieses Geschehen nicht die schlechthin erreichbaren, sondern nur die jeweils gesteckten Grenzen der Phantasie, nämlich die des Sprechers, nicht diejenigen der Menschheit. Insofern deren Vorstellungskraft wächst, ist sogar noch mehr möglich, als uns zur Zeit denkbar erscheint. Das Meiste von dem, was in den letzten hundert Jahren an Gutem oder Schlimmen passiert ist, findet sich in den jeweils vorangegangenen Zukunftsvisionen. Was ihnen abgeht, sind Einzelheiten, und sie sind auch nicht zu erwarten. Wirklich unausdenkbar vor der Verwirklichung sind allein die Spitzenleistungen in Kunst und Wissenschaft, weil hier die ausformulierte Vorstellung mit der Realisierung zusammenfällt. Hier gerät die Annahme einer zeitlich unbestimmten Denkbarkeit mit der Geschichtlichkeit in Konflikt. Im übrigen ist in der Geschichte nichts Denkbares unmöglich, allenfalls unwahrscheinlich oder beweisbar falsch. Streng genommen gibt es nur eine logische Unmöglichkeit.

Etwas weniger streng werden manchmal als empirisch »unmöglich« Ereignisse angesehen, die den Naturgesetzen widersprechen. Strikt ist das darum nicht, weil unsere Kenntnis der Naturwissenschaften unvollkommen ist. Daß Steine vom Himmel fallen, ist selten, kommt aber vor. Bevor man wußte, was Meteoriten sind, konnte derartiges ins Reich der Fabel verwiesen werden, und tatsächlich hat die Französische Akademie einmal den »ausdrücklichen Beschluß gefaßt, Mitteilungen über Steine, die vom Himmel gefallen seien, nicht mehr entgegenzunehmen« (Heisenberg 1969/81, 282). Daß ein Stein in die Luft steigt, wäre für Newton »unmöglich«, weil dem das Gesetz der Gravitation entgegensteht. Für uns ist es zwar äußerst unwahrscheinlich, aber nach den Gesetzen der Thermodynamik nicht geradezu ausgeschlossen, wenn nämlich die ungeordnete Molekularbewegung zufällig in eine geordnete übergeht und die Wärme in Bewegung verwandelt. Alfred Brehm hat in seinem »Tierleben« (Säugetiere III 619) die Berichte des älteren Plinius (NH. IX 25) über die Delphinreiter ins Reich der Fabel verwiesen. Inzwischen wissen wir, daß derartiges möglich ist (Grzimek XI 491ff.). Solche Beispiele enthalten aber keinen Freibrief für jene, die gerne die Wunderberichte aus mirakelsüchtigen Zeiten retten wollen. Bis zum Erweis des Gegenteils empfiehlt es sich immer, den Stand der Naturwissenschaft als Filter für das historisch Akzeptable zu verwenden.

3.12

Was überhaupt möglich ist, lehrt uns die Vorstellung; was in der Vergangenheit möglich war, zeigt uns die Erfahrung. Zur Annahme von nicht verwirklichten Möglichkeiten in der Geschichte gelangen wir durch analoge Rückübertragung eigenen Zeiterlebens. So wie wir selbst wissen, daß wir in den meisten Lebenslagen anders hätten handeln können, so halten wir dies auch den Früheren zugute und rekonstruieren aus deren subjektiven Handlungszielen und objektiven Handlungsbedingungen einen zwar nie genau, aber meist doch ungefähr abgrenzbaren Handlungsspielraum von Möglichkeiten, von denen jeweils eine einzige wirklich geworden ist. Die unterlassenen Handlungen bleiben im Zustand von Postulaten, doch ist das kein Einwand gegen ihre Möglichkeit, da historische Behauptungen allemal Postulate, d.h. durch gewisse Quellenbefunde »geforderte« Annahmen sind.

3.13

Die Vorstellung eines Spielraumes von unverwirklichten, gleichwohl erwägenswerten Alternativen, die das Geschehen wie ein Hof umgeben, wird bestritten mit der Behauptung, daß alles wirklich Geschehene zugleich notwendig und alles nicht Geschehene zugleich unmöglich sei. Dies meinte in Anlehnung an Hegel auch Droysen (1972, 78). Letzterer schrieb am 30. Oktober 1836: »Der Mensch und seine Willensfreiheit, die Gesetze der Natur und ihre Störungen, das scheinbar willkürliche Spiel des Zufalls in Gestaltungen hier, in Begebenheiten da, das alles ist nichts als Werkzeug der allgemeinen großen Notwendigkeit, an die wir glauben und der nachzuspüren, nachzuleben und uns in Demut zu fügen für unser Wissen der einzig würdige Gehalt, für unser Handeln der einzig sichere Halt, für Dulden und Hoffen der einzige, aber auch wahrhaftig beseligende Trost ist«. Der Leser denkt: Amen.

Als Begründung für eine solche Auffassung dient der Satz, daß es für das Können nur einen einzigen Beweis gäbe: das Tun. Ein solcher Gewißheitsanspruch hat den Schein methodischer Strenge für sich, ist aber dem Gegenstand unangemessen. Dem Reich des Möglichen würde das Daseinsrecht bestritten. Dagegen spricht die Erfahrung, wenn wir die Negation vornehmen. Unwirklich heißt nicht: unmöglich. Eine offene Tür, durch die niemand gegangen ist, unterscheidet sich von einer Mauer, die niemanden durchläßt, denn jene hätte man durchschreiten können, diese nicht.

Was möglich ist, folgern wir aus Analogien. Ein Marmorblock bot einem Michelangelo, ein Cembalo einem Bach, ein Gänsekiel einem Goethe Tausende von ungenutzten Möglichkeiten. Dies zu bestreiten bezeugt eine Denkblindheit, die heilbar ist. Und sie sollte geheilt werden, weil mit der Annahme, die nicht eingetretenen Möglichkeiten hätten eben darum »nicht wirklich« bestanden, die versäumten Alternativen seien »nur scheinbar« gegeben gewesen, die sprachliche Trennschärfe zwischen Unwirklichkeit, Unmöglichkeit und Unwahrscheinlichkeit verloren geht. Diese drei negativen Modalitäten sind ebensowenig identisch wie ihre jeweiligen positiven Zwillingsschwestern. Schon Aristoteles (Metaphysica 1046 b 30) erkannte den Unfug der von den Megarikern aufgestellten Behauptung: »Wer nicht baut, kann auch nicht bauen. Nur wer baut, kann bauen, wenn er gerade baut«.

Der Glaube der Deterministen, die Welt sei bis in die letzten Winkel durchgeplant, ist nützlich, insoweit er die Aufforderung enthält, den Lauf der Natur zu ergründen; er ist aber irreführend, sofern er das Ergebnis dieser Bemühungen vorwegnimmt und die Plangemäßheit alles Wirklichen unbewiesen behauptet. Der Determinismus ist für den Historiker eine methodische Fiktion, das Postulat, nach den Determinanten zu fahnden. Der Glaube an die Notwendigkeit, der sich bei den Tatsachen beruhigt, ist hingegen ein Resignationsprodukt: in der Wissenschaft gegenüber dem Denken, in der Politik gegenüber dem Handeln. Resignation sagt etwas aus über den Resignierenden, nicht über die Sache, derenthalben er resigniert.

3.14

Die Lehre von einer weltumfassenden Notwendigkeit begegnet uns zuerst im schwarzen Talar des Theologen, später im weißen Kittel des Naturforschers. Es scheint, wie wenn hier eine theologische Erbschaft auf die Naturwissenschaft übergegangen wäre, so wie ja auch das Staatsrecht und das Geschichtsdenken ihre theologische Mitgift zu verarbeiten haben. In der jüngeren Naturwissenschaft scheint die Annahme einer Determiniertheit des Geschehens aufgegeben worden zu sein. Einsteins Wort gegen die Quantentheorie »Gott würfelt nicht« wird kaum noch unterschrieben (Weizsäcker 1983, 129). Moderner ist der Gedanke Heraklits (B 52) vom spielenden Gott der Zeit. Carl Friedrich von Weizsäcker sagte einmal zu Werner Heisenberg: »Ein Blick auf die heutige Gestalt des Kosmos, auf die unzählbaren Milchstraßensysteme mit einer weitgehend ungeordneten Verteilung von Sternen und Sternsystemen zwingt fast zu dem Gedanken, daß es auch anders sein könnte ... ohne daß es eine Welt mit anderen Naturgesetzen sein müßte« (Heisenberg 1969/1981, 323). Sozusagen ein anderes Spiel nach denselben Regeln.

Ein Spiel scheint am Werke im astrophysikalischen Geschehen, in der ontogenetischen wie in der phylogenetischen Evolution der Lebewesen. Die Mutation, die zum Menschen geführt hat, war ein einzelner, extrem unwahrscheinlicher Zufall, und innerhalb der Art ist jedes Einzelwesen wiederum ein solcher. Daß aus der Verbindung eines Menschenpaares wieder ein Mensch hervorgeht, läßt sich mit hoher Wahrscheinlichkeit voraussagen, aber die Anlagen des Kindes sind unberechenbar. Für die Umgruppierung der Moleküle bei der Reifeteilung einer einzelnen menschlichen Keimzelle wird mit 10 Millionen Möglichkeiten gerechnet. Die Alternativen in der Anordnung der Basentripletts im DNS-Molekül überhaupt bilden eine Zahl mit dreihunderttausend Nullen (Sachsse 1979, 119; 181).

Noch abenteuerlicher als das Verhältnis zwischen realen und möglichen Erbanlagen beim Homo Sapiens ist die Relation zwischen wirklichen und potentiellen Arten von Lebewesen. Einschließlich der ausgestorbenen Organismen besteht die Zahl der bisher in Erscheinung getretenen Organismen aus neun oder zehn Ziffern. Die Zahl der genetisch möglichen Lebewesen hingegen hat mehrere Millionen von Stellen (Kaplan 1989, 358). Keine Linde gleicht der anderen, kein Blatt dem anderen – wieviele Varianten sind da wohl denkbar? Die Natur realisiert mithin bloß einen mikroskopisch kleinen Bruchteil des ihr Möglichen. Wenn wir somit die Natur aus einem *cum grano salis* unerschöpflichen Born an Möglichkeiten sprudeln sehen, wäre die Annahme, daß es in der menschlichen Geschichte keine Alternativen gegeben hätte, ein wenig salzarm.

Es ist ein Gebot der Umsicht, überall mit Alternativen zu rechnen, und eine Aufgabe des Spürsinnes, sie im einzelnen zu ermitteln. Die bescheidenere Haltung behauptet nicht die Notwendigkeit, sondern begnügt sich mit der Faktizität des Faktischen und räumt der Phantasie auch in der Wissenschaft jene Rolle ein, die sie im Leben ohnedies spielt. Die Geschichte besteht nicht nur aus der monochronen Einbahnstraße der Ereignisfolge, sondern ebenso aus der polychronen Landschaft, durch die sie führt. Selbst wenn wir den Weg der geschehenen Geschichte nicht verlassen können, erlaubt er uns doch einen Blick auf die ungeschehene Geschichte.

3.2

Wir haben gesehen, daß es berechtigt ist, von unverwirklichten Möglichkeiten zu sprechen, und müssen uns nun den Begründungen für bestimmte Alternativen zuwenden. Max Weber, der sich bisher am nachdrücklichsten für die wissenschaftslogische Legitimität von historischen Möglichkeitsurteilen eingesetzt hat, gab keine Anweisungen, wie diese denn abzusichern seien. Darum rechnete er bei dem Versuch, das, was geworden wäre, positiv zu konstruieren, mit »monströsen Resultaten« (1906/68, 282). Weber traute sich offenbar zu, monströse von plausiblen Alternativen zu unterscheiden, zeigt aber weder die Urteilskriterien noch die Konstruktionsprinzipien auf. Beides sei im folgenden nachgeboten.

Die Unterscheidbarkeit von Wahrscheinlichkeitsgraden ergibt sich *prima facie* aus extremen Fällen. Daß Erwin Rommel getötet worden wäre, wenn er sich nach dem 20. Juli 1944 geweigert hätte, Gift zu nehmen, unterliegt nicht dem geringsten Zweifel. Daß die russischen Raketen auf Cuba verblieben wären, wenn Kennedy 1962 nicht ihren Abtransport erzwungen hätte, ist geradezu apodiktisch gewiß. Daß Rainer Barzel Kanzler geworden wäre, wenn er 1972 bei seinem Versuch, Willy Brandt zu stürzen, zwei Stimmen mehr bekommen hätte, ist völlig sicher. Und doch sind all dies Aussagen über Ungeschehenes.

So wie Bismarck die deutsche Einigung beschleunigt hat, so hätte er sie, wenn sein borussisches Interesse es erfordert hätte, auch verzögern können. Diese Möglichkeit ist ebenso leicht vorstellbar wie die, daß er unter Umständen die Sozialisten etwas sanfter behandelt oder die Kolonialbewegung etwas mehr unterstützt hätte. Schwer denkbar dagegen ist es, daß er zum Katholizismus konvertiert wäre, obschon sein Schulfreund Karl Friedrich von Savigny diesen Schritt getan hat (GE. II 196f.). Monströs wäre erst der Gedanke, daß Bismarck dann Papst geworden wäre. Kaiser Maximilian I. hat das beabsichtigt, er wollte 1511 Nachfolger von Papst Julius II. werden (Wiesflecker 1981, 19).

Ebensowenig konnte Bismarck, wie Lamprecht bemerkt und Plechanow (1898, 65) gutheißt, Deutschland zur Naturalwirtschaft zurückführen. Nachdem zwei Generationen später im staatssozialistischen Mittelteil des Bismarckreiches der Realtausch wieder ein ökonomisches Subsystem geworden war, wird man Lamprechts Eventualität nicht gerade zu den Unmöglichkeiten rechnen, wohl aber weiterhin zu den unwahrscheinlichen Alternativen, die mitunter doch einmal real werden.

Plausibilitätsstufen zwischen nicht verwirklichten Möglichkeiten sind vielfach deutlich. Es lag innerhalb Hitlers Entscheidungsfreiheit, auf die Eröffnung des Krieges zu verzichten. Hätte er es getan, so wäre das mit einer Kette von wirklich geäußerten Friedensbeteuerungen aus seinem Munde als die logische Folge seiner Politik verstanden worden. Ebenso hätte er die Juden, Zigeuner und die Kirchen schonen können. Franco und Mussolini haben das auch gekonnt. Dagegen hätte Hitler schwerlich, trotz seiner Vorliebe für das Bauerntum, einen Morgenthauplan durchführen oder das Deutsche Reich in die Teilstaaten der Zeit von 1871 zurückverwandeln können. Bei einem solchen Versuch hätten sich vermutlich Kräfte zu seinem Sturz gefunden.

Lassen wir unserer Phantasie die Zügel schießen, so entdecken wir eine große Zahl von Eventualitäten, die sich mit der Entfernung vom Plausiblen exponentiell vermehren. Die Randzonen des bloß Möglichen, das auf Realisierungs-Chancen keine Rücksicht nimmt, sind nur kuriositätshalber interessant. Es gibt einen Bereich von so geringer Wahrscheinlichkeit, daß man im Umgangsdeutsch von einer Unmöglichkeit des Denkbaren spricht. Der Kaiser Caligula konnte, obwohl er es wollte, sein Leibroß namens Incitatus nicht zum Consul ernennen (Sueton Cal. 55). Der Kalif Jasid II. hatte im Jahre 723 keine Erfolgsaussichten mit dem Befehl, alle Schweine vom Erdboden zu vertilgen.

Aussichtslose Unternehmungen der Vergangenheit sind leichter zu erkennen als solche der Zukunft. Unter den Beispielen für abwegige Annahmen nannte ich 1984 die Erwartung, daß ein sowjetischer Generalsekretär den Marxismus verurteilen könne. Dies ist zwar auch nicht eingetreten, aber die Möglichkeit einer freiwilligen Preisgabe des Sozialismus erschien mir ebenso abwegig. Man hat mir den Irrtum, dem ich ja nicht allein erlag, schmunzelnd entgegengehalten. Aber sollten wir darum überhaupt mit allen Eventualitäten gleichermaßen rechnen?, annehmen, daß ein amerikanischer Präsident die Sklaverei wieder einführt oder sich zum Faschismus bekennt; ein Papst den Atheismus verkündet oder Moslem wird? Derartige Absurditäten zu vermehren, ist wenig reizvoll. Interessanter ist die Betrachtung von Ereignissen, die im engeren Kreise des objektiv Möglichen liegen. Wie diese Möglichkeiten zu begründen und wie deren jeweilige Wahrscheinlichkeit einzustufen ist, sei im folgenden behandelt.

3.3

Die Begründung alternativer Möglichkeiten und die Abschätzung der ihnen innewohnenden Wahrscheinlichkeit muß ihren Ausgang nehmen von der Situationsanalyse. Zur Definition der historischen Situation können wir auf die aristotelischen Kategorien für das Drama zurückgreifen. Eine »Situation« ist gekennzeichnet durch die Einheit der Zeit, des Ortes und der Handlung. Über Kriterien für und Grade von Einheit mag man sich streiten, sie selbst ist aus dem Situationsbegriff nicht herauszulösen.

3.31

Handlung bedeutet Veränderung, Veränderung erfordert Kraft. In jeder Veränderung sind mindestens zwei Kräfte am Werke, die verändernde und die bewahrende, beharrende Kraft, die *vis inertiae*. Die am einfachsten denkbare Alternative zu einem gelungenen ist der mißlungene Veränderungsversuch. Wir können uns fast immer vorstellen, daß die verändernde Kraft nicht ausgereicht hätte, die Trägheit des Bestehenden zu überwinden, daß wenigstens zunächst alles beim Alten geblieben wäre. Jeder Schritt, der hinter uns liegt, hätte nicht nur in eine andere Richtung getan werden können, sondern hätte auch unterbleiben können. Da kaum eine Entscheidung zum nachweislich spätest möglichen Zeitpunkt getroffen worden ist, läßt sich annehmen, daß ohne sie der bestehende Zustand noch eine Weile gedauert hätte. Die plausibelste alternative Möglichkeit ist jeweils die Negation eines Ereignisses. Es ist immer einfacher, etwas Geschehenes wegzudenken, als etwas Ungeschehenes zu erfinden. Zwar kennen wir den Spruch, dieses oder jenes Ereignis sei aus der Geschichte »nicht wegzudenken«, aber das bezeugt ja unausgesprochen die gegenteilige Normalvorstellung, daß andere Ereignisse durchaus wegzudenken seien. Und nur darauf, daß dies prinzipiell möglich ist, kommt es zunächst an.

Unschwer wegdenkbar sind alle Akte der Zerstörung. Babylon und Niniveh, mußten sie untergehen? Der Zeus des Phidias, die Aphrodite des Praxiteles, mußten sie verschwinden? Die erloschenen Religionen der Zeit- und Himmelsverehrer, der Magier und Manichäer, die ausgestorbenen Sprachen der Osterinsel und der Isle of Man hätten doch dauern können! Erschreckend lang ist die Liste der Völker, die es nicht mehr gibt: Sumerer, Philister, Phöniker, Karthager, Skythen, Thraker, Hunnen, Avaren, Inkas und Mohikaner, hätten sie nicht erhalten bleiben können? Die Historie befaßt sich mit dem Gewordenen. Die Geschichte des Verlorenen ist noch nicht geschrieben.

Die konservative Alternative ist immer denkbar, doch bedarf sie, je länger sie hätte währen sollen, desto größerer Zusatzannahmen, die dann eben nicht mehr bloß im Wegdenken bestehen. Der Aufschub erhöht den Entscheidungsdruck und gewährt dem *status quo* allenfalls eine Galgenfrist.

Bei bedeutungsarmen Ereignissen ist dieser Druck gering. Sie lassen sich ohne Folgelasten gedanklich eliminieren. Wäre Goethes Vater im Jahre 1755 plötzlich verarmt, nun, dann hätte er das Haus am Hirschgraben nicht umbauen können, und die Familie hätte im alten Stile weiterleben müssen. Unsere Alternative nötigt uns nicht zu einer Kette weiterer. Bei großen Ereignissen ist das anders. Streichen wir die deutschen Reformatoren oder die russischen Revolutionäre aus dem Buch der Geschichte, so benötigen wir recht bald einige energische Reformpäpste oder Reformzaren, wenn wir den bedrohten Systemen noch eine Lebensspanne zusprechen wollten. Eine solche Tilgung hinterläßt eine Lücke, die wir irgendwie schließen müssen und auch schließen können.

Der historische *horror vacui* leitet sich her aus der durchschnittlichen Ereignisdichte, deren geopolitisches Äquivalent die allmähliche Besetzung hoheitsfreier Räume unseres Planeten darstellt. Geht die Entwicklung so weiter wie bisher, werden die Politiker die Ozeane, die Atmosphäre und den Weltraum zunächst in Interessenzonen, dann in Hoheitsgebiete zergliedern. Die Fahnen auf dem Mond bedeuten einen Besitzanspruch. Demgemäß werden auch die künftigen Historiker die unverwirklichten Möglichkeiten der Geschichte nicht ewig unbestimmt lassen. Wie Moses auf dem Berge Nebo sehe ich gelobtes Land, das Spätere in Besitz nehmen werden.

3.32

Ein Vakuum wird gefüllt durch das Expansionsbedürfnis der Anrainer. Der stärkere setzt sich durch. Sobald die beharrenden Kräfte so weit erlahmen, daß eine Änderung zu erwarten ist, treten die änderungswilligen Kräfte auf den Plan. Es entsteht eine Konkurrenz unter den Faktoren. Wenn deren Zahl überschaubar und das Kräfteverhältnis abschätzbar ist, dann läßt sich mit hoher Wahrscheinlichkeit sagen, was geschehen wäre, wenn die stärkste Kraft durch einen Zufall um ihren Erfolg gebracht worden wäre. Dann hätte sich wohl die zweitstärkste Macht durchgesetzt.

Hätte die Pest in Athen 429 v.Chr. schlimmer gewütet und einen Friedensschluß erzwungen, so wäre Sparta der mächtigste Staat in Hellas gewesen, nicht Korinth, nicht Argos, nicht Theben. Hätte eine Seuche 216 v.Chr. Roms restliche Kräfte verschlungen, so wäre die Hegemonie an Hannibal und die Karthager gefallen, nicht an die Gallier, nicht an die Makedonen, nicht an die Illyrer. Für wie lange, wissen wir nicht, aber für die Zeit unmittelbar danach läßt sich das mit großer Wahrscheinlichkeit behaupten. Plausible Alternativen zum Geschehen sind da erkennbar, wo Mitbewerber um den Erfolg bezeugt sind. Das gilt für Kriege, für Wahlen, für jede Art von Wettbewerb.

Strukturell ähnlich liegen jene Situationen, in denen nicht verschiedene Menschen, sondern verschiedene Ideen konkurrieren. Alle unverwirklichten, aber irgendwie gefaßten und noch faßbaren Pläne, Projekte und Programme sind historisch interessant, doch hängt ihre Plausibilität an dem Reifegrad, den sie erreicht haben, und an den Rahmenbedingungen, die zu ihrer Realisierung hätten erfüllt sein müssen. Goethes bezeugte Erwägung, mit Lili Schönemann nach Amerika auszuwandern, verleiht diesem Plan innerhalb anderer unverwirklichter Pläne einen gewissen Vorrang. So hat es Sinn zu fragen, was ihn gehalten hat, aber es hat wenig Sinn, zu fragen, warum er nicht Offizier geworden oder ins Kloster gegangen ist. Der Absicht Josephs II., Bayern für Habsburg zu gewinnen trat Friedrich d.Gr. 1785, im Jahr vor seinem Tode, mit dem Erfurter Fürstenbund entgegen; anderenfalls hätte Joseph Erfolg haben können. Das Kissinger Diktat Bismarcks von 1877 zeigt eine für Deutschland optimale außenpolitische Zukunft, deren reine Möglichkeit schon durch die Kompetenz seines Autors angenommen werden darf. Ernst zu nehmende Alternativen brauchen Anhaltspunkte, die im Geschehen selbst aufgewiesen werden müssen.

Bei genauem Zusehen zeigt die Geschichte viele unausgereifte Ansätze. Die für die Kelten bezeugte Religiosität läßt es denkbar erscheinen, daß einer ihrer Druiden zu einem Religionsstifter hätte aufsteigen können. Die aus Platon bekannte Sensibilität der klassischen Griechen für die Musik rückt die Existenz eines großen Komponisten in den Bereich des Möglichen. Die Entdeckung Amerikas durch Leif, den Sohn Eriks des Roten, im Jahre 1000 hätte Folgen haben können.

3.33

So wie ein labiler Zustand sich hätte halten und eine geringe Kraft hätte weiterwirken können, sofern ihnen kein Ende gesetzt worden wäre, so können wir auch annehmen, daß in der Konkurrenz zweier Entwicklungen die schwächere sich ohne ihre Niederlage behauptet und fortgesetzt hätte. Um die von den Parzen abgeschnittenen Fäden in Gedanken weiterzuspinnen, argumentieren wir mit Trendprognosen über die erreichten Endzustände hinweg.

Die Geschichte erweckt häufig den Eindruck, daß entwicklungsfähige Systeme nur dadurch zum Stillstand oder Untergang verurteilt worden sind, daß sie mit stärkeren Systemen zusammenstießen. Daß die äußere Niederlage ein inneres Abwelken bezeuge, daß der jeweilige Sieger bloß das von »der Geschichte« verhängte Todesurteil vollstrecke, ist eine oft gebrauchte, gleichwohl faule Ausrede in durchsichtiger Absicht. Sie dient in hegelianischer Manier konsolatorischen Zwecken. Wer da meint, die Perser hätten selbst schon am Ende gestanden, als Alexander erschien, die Kelten hätten keine Zukunft gehabt, als Caesar sie unterwarf, die Azteken und Inkas seien ohnedies im Niedergang begriffen gewesen, als Cortez und Pizarro einmarschierten, der würde auch, wenn Goethe bei Valmy gefallen wäre, folgern, daß der Dichter seine Möglichkeiten sowieso erschöpft hatte.

Abgebrochene Entwicklungen zeigen die vorzeitig unterlegenen missionierenden Religionen und expandierenden Staaten. Die bemerkenswerten Missionserfolge des Judentums in den nachchristlichen Jahrhunderten sind im Westen durch das Christentum, im Osten durch den Islam abgeblockt worden. Ohne diesen äußeren Widerstand hätten sich die Juden vermutlich weiter ausgebreitet. Für andere aufsteigende Religionen wie den Mithraskult und den Manichäismus läßt sich dasselbe vermuten. Die Ausbildung des französischen Kolonialreiches im 18. und 19. Jh. hat an der Konkurrenz der Engländer ihre Grenze gefunden. Wäre den Franzosen in Indien nicht ein Lord Clive, in Nordamerika nicht ein Wolfe, in Afrika nicht ein Kitchener entgegengetreten, so wäre der Kolonialbesitz Frankreichs weiter gewachsen. Wie weit die jeweils abgeschnittene Entwicklung noch fortgegangen wäre, wissen wir nicht, aber für die Zeit unmittelbar nach ihrem Ende dürfen wir ihr wenigstens noch soviel Kraft zusprechen, wie die Gegenbewegung brauchte, um sie stillzustellen.

Denken wir uns die hemmenden Faktoren weg, so läßt sich allen expansiven Tendenzen ein weitergehender Erfolg zutrauen. Das gilt für die Sprachen: die Ausbreitung des Griechischen im Hellenismus, des Lateinischen im Römischen Reich, des Germanischen in der Völkerwanderung hätte bei einem Ausfall der konkurrierenden Idiome große Teile Europas sprachlich vereinheitlichen können. Das gilt ebenso für die Religionen: Europa hätte katholisch, protestantisch oder islamisch werden können, wenn die jeweils dahinterstehenden Entwicklungen weitergegangen wären. Das gilt schließlich auch für die Politik: das Vordringen des demokratischen Gedankens von Westen und des kommunistischen Systems von Osten hätte nicht am Eisernen Vorhang zum Stillstand kommen müssen. Wir sollten nicht davon ausgehen, daß sich alles entwickelt hat, was sich hätte entwickeln können, und dürfen fragen, warum das nicht geschah.

Plausible Alternativkonstruktionen beruhen darauf, daß wir die in bestimmten Situationen vorhandenen Kräfteverhältnisse verschieben. Proportionskorrekturen lassen sich in der Metaphorik des Jungwaldes veranschaulichen. Anstelle der durchgekommenen Bäume hätten sich auch andere durchsetzen können. Den Platz, den eine bestimmte Buche ausfüllt, hätte auch eine andere, die neben ihr hochwollte, besetzen können. Auch eine Eiche hätte Chancen gehabt, schwerlich ein Rosenstrauch.

3.34

Ein naheliegender Fall der hypothetischen Kräfteverschiebung ist die gedankliche Übertragung historischer Funktionen auf andere Menschen. Personale Alternativen sind überall da denkbar, wo vorgegebene Ämter zu besetzen, wo unabweisbare Aufgaben zu erfüllen waren. Heisenberg (s.o.) hat das für die Physik gezeigt. Jeweils stellt sich die Frage, welche Folgen zu erwarten wären, wenn ein anderer Mann den leeren Platz besetzt hätte.

Die Antworten gehen weit auseinander, je nachdem, ob wir meinen, die Geschichte werde von den Menschen oder die Menschen würden von der Geschichte gemacht. Diese Alternative ist insofern unsinnig, als Mensch und Geschichte weder so noch so in Subjekt und Objekt getrennt werden können. Denn eine Geschichte ohne den Menschen ist ebenso undenkbar wie der Mensch ohne die Geschichte. Der Mensch wird nicht gemacht, sondern er macht selbst etwas, dieses und jenes, aber nicht die Geschichte. Auch die Geschichte wird nicht gemacht, ist vielmehr das, was dabei herauskommt, wenn Menschen versuchen, Geschichte zu machen.

Die Auswechselbarkeit der Menschen als Handlungsträger ist insoweit, aber nur insoweit gegeben, als die Geschichte ein Rollenspiel ist, dessen Masken auch von anderen übernommen werden können, ohne daß sich am Inhalt des Stückes viel ändert. Für untergeordnete Funktionäre leuchtet das ein. Albert Speer schreibt in seinen »Erinnerungen« (1969, 257), Hitlers Selbstüberschätzung sei durch die Unterwürfigkeit seiner Umgebung gefördert worden. Insbesondere Keitel sei – nach Hitler – »treu wie ein Hund« gewesen. »Hätte er jedoch Widerstand geleistet und eine eigene Auffassung beharrlich vertreten, so wäre er nur durch einen *anderen Keitel* ersetzt worden.« Das entschuldigt ihn nicht, trifft aber wohl die Lage im Jahre 1942.

Behauptet wird die Ersetzbarkeit auch für die Führungskräfte. Brüning erklärte am 20. Juli 1935 gegenüber Harry Graf Kessler (1961/79, 738) in Paris, er habe 1932 eine monarchische Restauration eingefädelt. An die Spitze des Reiches hätte eine Uniform gehört (weil der Erste Weltkrieg nicht als beendet erachtet wurde), und um Hitler zu verdrängen, habe er den Prinzen Louis Ferdinand von Preußen lancieren wollen. Ein mißglücktes Frühstück habe den Plan vereitelt. Frage an die Küche: Waren die Eier zu hart gekocht?

Leitfiguren sind nicht am Frühstückstisch austauschbar. Sie müssen präzisen Erwartungen entsprechen. Je größer ihr Einfluß ist, desto mehr Bedingungen erfüllen sie. Gemäß Hegels Lehre von den Geschäfts*führern* des Weltgeistes müßte sich der Handlungsspielraum nach den Wünschen des Geschäfts*inhabers* richten und sich daher auf bloße Modalitäten des von ihm Gewollten beschränken. So meinte Plechanow 1898: »Einflußreiche Persönlichkeiten können dank der Besonderheiten ihres Verstandes und Charakters das individuelle Gepräge der Geschehnisse und einige ihrer besonderen Folgen ändern, sie können aber ihre allgemeine Richtung nicht ändern, die durch andere Kräfte bestimmt wird«. Wäre Napoleon in der Schlacht bei Arcole 1796 gefallen, schreibt Plechanow, so hätte ein anderer General seine Rolle übernommen. Dieser Ersatz-Napoleon hätte wohl auch die in der Revolution erschütterte bürgerliche Ordnung wiederhergestellt und damit der liberalen Bewegung vorgearbeitet, möglicherweise aber auf die imperialistische Europapolitik verzichtet und damit die Entwicklung unter Louis Philippe antizipiert. Wäre umgekehrt, können wir hinzufügen, Mirabeau nicht bereits am 2. April 1791 gestorben, so hätte er möglicherweise die Monarchie über die kritische Phase hinweggeretten und die Auswüchse der Revolution unterbinden können. Wer solche Varianten unerheblich findet, kann den Großen ihre Handlungsfreiheit absprechen.

Plechanow vertritt die kollektivistische Geschichtsauffassung des historischen Materialismus. Sie ist, wie der Heroenkult um Marx, Engels und Lenin lehrt, gemildert worden. Schon Trotzki hat ihr abgeschworen. Unter dem 25. März 1935 lesen wir in seinem Tagebuch: »Wäre ich 1917 nicht in Petersburg gewesen, so würde die Oktoberrevolution dennoch ausgebrochen sein – unter der Voraussetzung, daß Lenin anwesend gewesen wäre und die Führung übernommen hätte. Wären aber sowohl Lenin als auch ich von Petersburg abwesend gewesen, so hätte es keine Oktoberrevolution gegeben: Die Führung der bolschewistischen Partei hätte ihren Ausbruch verhindert«.

Die Schwierigkeit der Unterscheidung bei Plechanow liegt in der Abgrenzung zwischen »individuellem Gepräge« und »allgemeiner Richtung«, zwischen persönlicher Handlungsfreiheit und vorgegebener Rolle. Daß es solche »Rollen« gibt, erweist sich aus der Gegenprobe. Wer im 18. Jh. das Zeug zu einem großen Heiligen besaß, hatte keine Chance, weil die Rolle *nicht mehr* existierte. Wer damals aber das Zeug zu einem Tennis-Star hatte, dem nützte das nichts, weil es diese Rolle *noch nicht* gab. Friedrich d.Gr. beklagte in seinem Brief an Voltaire vom 26. November 1773, daß er zu früh geboren sei, um das Licht der Aufklärung zu genießen: *tout dépend, pour l'homme, du temps, où il vient au monde.* Napoleon bedauerte, daß ihn das Schicksal nicht zu einem deutschen Fürsten gemacht habe. Dann hätte er dieses Volk unter ein einziges Szepter vereint (Kircheisen 1907, 183). Ernst Moritz Arndt hat sich einen solchen Mann gewünscht.

»Nicht jede Zeit findet ihren großen Mann, und nicht jede Fähigkeit findet ihre Zeit«, heißt es bei Burckhardt (1868/1935, 248). Wenn beide nicht zusammenkommen, dann verstreichen große Gelegenheiten ungenutzt. Zur Zeit böte die Grüne Bewegung einem charismatischen Führer dankbaren Boden. Was aus ihr wird, hängt nicht zuletzt davon ab, ob der rechte Mann (oder die rechte Frau) sich findet.

Auf der anderen Seite ist es sehr wohl denkbar, daß in Situationen, wo die antagonistischen Kräfte etwa gleich stark sind, die persönliche Entscheidung eines Funktionsträgers hinreicht, der einen oder anderen Seite zum Siege zu verhelfen. Erasmus von Rotterdam schrieb am 17. Oktober 1519 an John Fisher, er habe von einem Reichstagsteilnehmer gehört, daß Friedrich der Weise, der angesehenste unter den Kurfürsten, die ihm angebotene Kaiserwürde zugunsten Karls V. abgelehnt habe. Es ist unwahrscheinlich, daß diese Entscheidung für die Reformationsgeschichte gleichgültig war. Ein protestantisch gesinnter Nachfolger Maximilians als Deutscher Kaiser ist vorstellbar. Hier hing von der Besetzung einer vorgegebenen Rolle viel ab.

Rollen sind nicht festgeschrieben, sondern werden von ihrem Träger gestaltet. Luther widersprach in seiner Vorlesung über den Galaterbrief von 1516/17 der Ansicht, daß die Fülle der Zeit Gott bewogen habe, seinen Sohn auf die Erde zu senden. Luther meinte, erst die Sendung selbst habe die Zeit erfüllt. Das gilt auch in der säkularen Logik der Historie. Zweifellos ist die jüdische Messias-Vorstellung eine »Rolle«. Wir kennen aus der Zeit Jesu mehrere Anwärter: Judas von Gamala, Theudas, Barabbas, Johannes den Täufer, den »Ägypter« der Apostelgeschichte. Keiner paßt genau in das Messias-Schema, aber auch Jesus stimmt ja nur teilweise mit ihm überein. Dürfen wir annehmen, daß, falls Jesus dem (freilich legendären) Bethlehemitischen Kindermord zum Opfer gefallen wäre, einer der genannten Männer den von Jesus ausgefüllten Platz eingenommen hätte? Wäre Mohammed durch Musailima, Bonifatius durch Pirmin, Luther durch Melanchthon, Marx durch Engels zu ersetzen gewesen? Dagegen spricht schon, daß jeder dieser Ersatzmänner dann eine Doppelrolle hätte spielen müssen – seine eigene und die des Ersetzten.

Jacob Burckhardt hat historische Größe an die »Unersetzlichkeit« eines Menschen geknüpft und diese darin verankert, daß ohne ihn die Welt uns unvollständig schiene (1868/1935, 211). Es käme demnach auf unsere Vorstellung von Vollständigkeit an, auf unsere ästhetische Phantasie, ob wir einem Menschen Größe zusprechen wollen oder nicht. Indem Plechanow stellvertretend für die Rolle Napoleons die Namen Jourdan, Moreau, Macdonald und Bernadotte anbot, wäre dem Korsen mit der Unersetzbarkeit auch die Größe abgesprochen. Ob jene Ersatzkorsen dieselbe Leistung vollbracht hätten, ist natürlich ebenso ungewiß wie die Annahme von Friedrich Engels (Brief 25.I.1894), daß »in Ermangelung eines Napoleon ein anderer die Stelle ausgefüllt hätte«. Engels meinte, das wäre »bewiesen dadurch, daß der Mann sich jedesmal gefunden, sobald er nötig war: Caesar, Augustus, Cromwell etc.« Daß der Mann, wenn er nicht gefunden wurde, auch nicht nötig war, muß man gläubig hinnehmen. Hier hören wir Hegel, für den Größe allerdings nicht dadurch gemindert wurde, daß sie statt auf die eigene Leistung des Betroffenen auf den Weltgeist zurückgeführt wird. Die Ersetzbarkeit ist hier kein Gesichtspunkt. Burckhardt selbst stellt später (a.O. 286) der gedanklichen Unersetzbarkeit der Großen die wirkliche Unersetzbarkeit *aller* Menschen gegenüber und zeigt damit, daß die Geschichte, indem sie fortwährend Unersetzliches zerstört, jenen selben Begriff von Vollständigkeit Lügen straft, den wir Historiker ihr unterschieben sollen.

Burckhardts Gedankenspiel zur Ermittlung historischer Größe sei damit nicht grundsätzlich bestritten. Doch sollten wir an die Stelle der kategorischen Begriffe »ersetzbar« und »unersetzbar« eine gleitende Skala von Konsequenzen rücken, die beim Wegfall einer Person länger oder kürzer ausfiele und damit ebenso dehnbar wäre wie der Begriff »Größe« seinerseits. Auch bei einem »großen Mann« stellt sich nicht nur die Frage, *ob* er groß, sondern *wie* groß er war. Theoretisch ist niemand, praktisch ist jeder ersetzbar. Die Ratlosigkeit nach dem Ausscheiden einer einflußreichen Persönlichkeit wird früher oder später überwunden, wie in der Wirklichkeit, so in der Vorstellung.

Sehen wir von Plausibilitäten ab, so können wir nicht nur Rollen umbesetzen, bestimmte Persönlichkeiten früher oder später geboren sein lassen, sondern auch die ungelebten Leben von Ungeborenen einplanen. Wer ahnt denn, was unter den biologisch möglichen Exemplaren der Species *homo sapiens*, die mathematisch ein Millionenfaches der Geborenen ausmachen, was unter diesen verhinderten und versäumten Menschen für Raritäten waren! Der Über-Dschingis, der Doppel-Goethe, der Anti-Stalin ...

3.35

Ungeschehene Geschichte läßt sich aus der Verschiebung von Kräfteverhältnissen konstruieren, sie läßt sich ebenso aus räumlicher und zeitlicher Umgruppierung der geschichtlichen Faktoren gewinnen. Schon in den Machtkämpfen von Staaten verbanden sich politische und geographische Elemente. Statt Syrakus hätte auch Messina zur stärksten Stadt im antiken Sizilien aufsteigen können, die Rolle des mittelalterlichen Paris hätte auch Soissons, diejenige des bundesrepublikanischen Bonn auch Frankfurt übernehmen können. Wir kennen solche Funktionswechsel: so hat Kairo Alexandria, Venedig Aquileia, Moskau Petersburg abgelöst. Der Erfolg derjenigen Städte, die sich durchgesetzt haben, liegt nicht nur an den geographischen Determinanten ihrer Lage. Stellen wir uns vor, Diocletian hätte tüchtige Söhne und Enkel gehabt, einer von diesen wäre Christ geworden und hätte somit Constantins Funktion übernommen, dann wäre wohl nicht Konstantinopel, sondern Nikomedeia, Diocletians Residenz, die neue Metropole geworden, und das alte Byzanz hätte seinen Dornröschenschlaf weitergeschlafen, vielleicht bis heute. Wer weiß, welches Dornröschen noch auf den Prinzen wartet?

Räumliche Alternativen bieten sich weiterhin bei Wanderbewegungen an. Die Ostgermanen hätten den Schwarzmeer-Donau-Raum dauerhaft germanisieren können, wenn der Hunnensturm ausgefallen und die römische Donaugrenze fest geblieben wäre. Die Araber hätten sich vermutlich, wäre Byzanz 675 ihrem Angriff erlegen, in Kleinasien niedergelassen; die Türken wären, hätten sie die Schlacht bei Mantzikert 1071 verloren, vielleicht nach Südrußland ausgewichen. All dies sind objektive Möglichkeiten ungeschehener Geschichte.

3.36

So wie wir räumliche Alternativen denken können, lassen sich auch zeitliche Verschiebungen vornehmen. Es ist vorstellbar, daß bestimmte Prozesse schneller oder langsamer, als sie es taten, abgelaufen wären, daß bestimmte Ereignisse früher oder später, als geschehen, hätten eintreten können. Unter entsprechenden Zusatzannahmen läßt sich die Ereignisfolge beschleunigen oder abbremsen.

Diese Argumentation liegt in der Vorstellung von den genannten konservativen Alternativen und gilt ebenso für die zu ihnen spiegelbildlichen progressiven Alternativen. Alle historischen Kausalurteile bewegen sich in diesem Gleise. Die gedankliche Verzögerung eines Prozesses durch Ausblenden treibender Kräfte ist geläufiger als seine Beschleunigung durch deren Einfügung. Dennoch ist auch letzteres lehrreich, weil es auf Entwicklungen im vorfaktischen Zustand aufmerksam macht.

Man hat den Eindruck, daß die Geschichte zu gewissen Lösungen mehrere vergebliche Anläufe benötigt. Eliminieren wir die an ihrem Scheitern schuldigen Hindernisse, so haben wir das Resultat schon vor der Zeit in den Händen. So beobachten wir im Altertum mehrere Versuche zu Großraumordnungen. Ausgehend vom Alten Orient folgen verschiedene Weltreichsbildungen aufeinander, die aber sämtlich kurzlebig blieben und erst im Imperium Romanum einen längerfristigen Erfolg aufweisen. Anläufe zu einer territorialen Einigung Galliens beginnen mit Vercingetorix, ihm folgt Postumus, dann kommen Syagrius, Chlodwig und Karl d.Gr., und am vorläufigen Ende steht das heutige Frankreich. Es hätte unter günstigeren Randbedingungen auch früher schon entstehen können.

Die Denkbarkeit beschleunigter Erfolge wird, wie durch die Mehrzahl der Anläufe, so durch gelegentliche Umwege der Entwicklung nahegelegt. In den antiken Demokratisierungsprozessen taucht in der Übergangsphase zwischen der Aristokratie und der Demokratie häufig die Tyrannis auf. Je nach der Blickweise erscheint sie als Spätform der Aristokratie oder als Vorstufe zur Demokratie: ersteres wird durch die persönliche Herkunft der Tyrannen, letzteres durch ihre egalisierende Politik nahegelegt. Diese Übergangsphase war bald länger, bald kürzer und wäre wohl grundsätzlich vermeidbar gewesen. Solon hat, wie wir aus seinen Gedichten wissen, diese Gefahr gesehen und sie zu umgehen versucht. In manchen griechischen Städten ist das auch gelungen, so in Sparta.

In der neuesten Geschichte ist zuweilen von Entwicklungsdiktaturen die Rede. Waren Hitler und Mussolini, Franco und Salazar, waren Pilsudski, Atatürk und Stalin nicht ebenso Zwischenstationen auf dem Weg von der monarchisch gekrönten Aristokratie zur ökonomisch bestimmten Demokratie? Wir wünschen wohl, daß sich diese Phase überspringen ließe. In Deutschland herrscht heute die Ansicht, daß die Entwicklung zur Demokratie des Hitlerstaates nicht bedurft hätte, daß es bei etwas Mehr an gutem Willen möglich gewesen wäre, die Weimarer Verfassung bis heute zu bewahren. War die mangelnde Akzeptanz des Systems schuld an seiner Schwäche oder dessen Versagen schuld an der mangelnden Akzeptanz? Wir sind rasch bei der Hand mit dem moralischen Zeigefinger.

Das Problem des Entwicklungstempos wird am häufigsten am Prozeß der Technik abgehandelt. Heron von Alexandria kannte den Dampfdruck, die Chinesen besaßen das Schießpulver. In beiden Fällen läßt sich ein Grund, weswegen die Ausnutzung unterblieb, in den Defiziten der Metalltechnik aufspüren. Dennoch reicht dies nicht hin. Die technische Entwicklung in der neueren europäischen Geschichte begründet eine weltweite Erwartung, die das angeblich unnötige Stagnieren dieses Prozesses in der chinesischen und der antiken Kultur zu einem seriösen Problem erhebt. Eine negative Tatsache wird zum Erklärungsproblem. War das »griechische Feuer«, das Byzanz 675 vor den Arabern gerettet hat, kein vielversprechender Ansatz? Hier ist die Frage, warum bestimmte Ereignisse nicht eingetreten sind, zugelassen, aber kaum zu beantworten.

3.37

Schließlich sind all jene Fälle von Alternativgeschichte denkbar, zu denen wir Analogien besitzen. Die Analogie ist eines der wichtigsten Verfahren zur Rekonstruktion geschehener Geschichte und eignet sich darum auch zur Konstruktion ungeschehener Geschichte. Was irgendwann irgendwo einmal vorgefallen ist, sollte *ceteris paribus* auch an einem anderen Ort, zu einer anderen Zeit, bei anderen Menschen möglich sein.

Für historische Analogien gibt es zwei Strukturprinzipien. In einem Falle rechnen wir mit der fortwährenden Identität von Subjekt oder Objekt und erwarten darum in einer ähnlichen Situation ein ähnliches Geschehen. Jacob Burckhardt (1853/1950, 308) begründete seine Vermutung, die Hunnen hätten im Falle eines Sieges auf den Katalaunischen Gefilden 451 das »Leichentuch über das okzidentalische Leben gezogen« mit den Wirkungen der Mongolenstürme auf Vorderasien. Eduard Meyers Annahme, daß bei einem Siege der Perser über die Griechen in Hellas eine theokratische Kultur unter achaimenidischem Protektorat entstanden wäre, kann sich auf das Resultat der persischen Herrschaft über Palästina berufen (s.u.). Burckhardt und Meyer argumentieren mit dem gleichbleibenden Wesen des handelnden Subjekts. Eine Identität des Objekts hingegen haben wir in den Versuchen von Karl XII., Napoleon und Hitler, Rußland zu erobern. Sie sind gleichermaßen gescheitert, obwohl sie jeweils aus der Geschichte zu lernen versucht haben.

Im anderen Falle liegt nur eine struktural entsprechende Situation vor, ohne daß eine der beteiligten Größen identisch wäre. Das Schicksal Berlins als geteilte Stadt bietet ein Muster für das, was unter Umständen auch Frankfurt hätte treffen können. Stellen wir uns vor, Stalins Verletzungen des Jalta-Abkommens in Polen und Rumänien und die Warnungen George F. Kennans vor den sowjetischen Expansionstendenzen hätten die Westmächte bewogen, das am 8. Mai 1945 besetzte Gebiet bis zur Elbe-Mulde-Linie zu halten. Darauf hätten die Sowjets sich geweigert, West-Berlin freizugeben. Man hätte einen neuen Sitz für den Kontrollrat benötigt, eventuell Frankfurt gewählt und diese Stadt in Sektoren geteilt. Im sowjetischen Teil der Stadt hätten sich die Kommunisten aus Hessen-Süd konzentriert, den Sowjets wären Straßen-, Schienen- und Luftkorridor gewährt worden. Zur Sicherung vor der kapitalistischen Infiltration hätte statt West-Berlin nun Ost-Frankfurt eingemauert werden müssen. Die Position der Westmächte im Kalten Krieg hätte sich verbessert, aber dessen Spannung hätte sich durch die Verärgerung der Russen erhöht. Irgendwann hätten sie Frankfurt zur Raketenbasis ausgebaut, Cuba am Main ...

Neben solchen Detailanalogien sind auch umfassendere Systemparallelen durchführbar. Die neuere Kulturmorphologie hat die griechisch-römische Antike zum Paradigma historischer Entwicklung erhoben, die vom ländlich-archaischen Frühstadium über eine in sich geschlossene Klassik in die Weltstadtzivilisation mit Cäsarismus und Massengesellschaft führt. Diese Normaluhr liefert eine Antwort darauf, wie es da wohl weitergegangen wäre, wo eine Entwicklung durch äußere Umstände abgebrochen wurde, so beim Eindringen der Europäer in den Bereich der altamerikanischen Kulturen, oder wie es da weitergehen wird, wo der Zyklus noch nicht abgeschlossen ist. So kam Spengler zu seiner Lehre vom »Untergang des Abendlandes«. Er ist nur der bekannteste Exponent eines weltgeschichtlichen Denkmusters, das für das historische Selbstverständnis des 19. und frühen 20. Jahrhunderts grundlegend war. Carl Schmitt (1944/50, 102) nannte diese antik-europäische Parallele den »geistesgeschichtlichen Kern des letzten Jahrhunderts«.

3.4

Die genannten Formen der Argumentation zugunsten ungeschehener Geschichte zeigen, daß wir für dieses Denkspiel keinesfalls auf den delphischen Dreifuß angewiesen sind. Auch Alternativen lassen sich rational konstruieren. Dennoch sei unumwunden zugegeben, daß deren Tragfähigkeit gewöhnlich zurückbleibt hinter derjenigen einer quellenkritischen Rekonstruktion realer Ereignisse. Über das, was geschehen ist, kommen wir zu gewisseren Resultaten als über das, was hätte geschehen können. Um aber abzuschätzen, welchen Gewißheitsanspruch wir gegenüber Möglichkeitsurteilen billigerweise erheben können, sollten wir uns darüber klar werden, welches Ausmaß an Ungewißheit wir auch in der normalen historischen Literatur hinzunehmen gewohnt sind. Wir sollten bedenken, daß auch zur Rekonstruktion der Historizität Phantasie unabdingbar, Gewißheit unerreichbar und Subjektivität unüberwindbar ist. Dieselben Störfaktoren, die uns das Urteil über Ungeschehenes erschweren, belasten auch die Erkenntnis des Geschehenen.

3.41

Theodor Mommsen (RG. V 5) nannte die Phantasie »wie aller Poesie so auch aller Historie Mutter«. Er hatte Recht. Die Unentbehrlichkeit des Vorstellungsvermögens für die Wissenschaft zeigt sich bereits innerhalb der Faktenermittlung. Welche geschichtliche Tatsache aus einem bestimmten Quellenbefund hervorgeht, ist allemal eine Sache der intelligenten Vermutung. Je intelligenter sie ist, desto besser wird sie durch später erschlossene Quellen bestätigt. Zunächst aber ist jede Hypothese ein Phantasieprodukt. Heisenberg (1969/81, 254) hat das ebenso für die Naturwissenschaft unterstrichen.

Sodann benötigen wir historische Phantasie, um die Lücken in der Ereignisfolge auszufüllen. Wir begnügen uns nicht damit, die durch Quellen bezeugten Vorgänge zu rekonstruieren, sondern sind darüber hinaus bestrebt, nicht überlieferte Geschehnisse zu erschließen. Soweit wir zugunsten eines unbekannten Faktums argumentieren, befinden wir uns in einer ähnlichen Beweislage wie bei der Mutmaßung über ungeschehene Geschichte. Der Unterschied beschränkt sich darauf, daß wir das von uns für wahrscheinlich Gehaltene im ersten Falle als reale Möglichkeit an die Stelle des subjektiv Unbekannten setzen (»es kann sein, daß Karl d.Gr. die Kaiserkrone sehnlich begehrt hat«), im zweiten Falle als irreale Möglichkeit an der Stelle des objektiv Andersartigen annehmen (»es hätte sein können, daß Karl d.Gr. bei einer Weigerung des Papstes, ihn zu krönen, sich selbst gekrönt hätte«). Für beides gibt es eine Mehrzahl von Möglichkeiten, die durch Quellenbefunde eingeschätzt und abgewogen werden können.

Besonders eng ist die Verwandtschaft dieser beiden Formen von Möglichkeit da, wo wir eine Ereigniskette nur bis zu einem bestimmten Zeitpunkt verfolgen können und dann überlegen müssen, wie sie wohl weitergegangen ist. Das Schicksal des letzten weströmischen Kaisers kennen wir bis zu seiner Absetzung. Odoakar hat Romulus Augustulus im September 476 des Amtes enthoben und mit einer Jahresrente von 6.000 Goldstücken in eine Villa des Lucullus bei Neapel verbannt. Daß er dort noch lange gelebt hat, ist möglich. Die allgemeine Erfahrungsregel (Romulus war noch sehr jung) und die besonderen Umstände (die Zeiten in Campanien waren friedlich) sprechen nicht dagegen. Dreißig Jahre später verbriefte der Gotenkönig Theoderich einem gewissen Romulus und seiner Mutter seine bisherigen Einkünfte. Ob er der unsere ist, hängt davon ab, wie wir die angedeutete Möglichkeit beurteilen.

3.411

Die Füllung der Überlieferungsmaschen ist das Geschäft des historischen Romans. Er ergänzt unser fragmentarisches Bild von der Vergangenheit durch die Phantasie des Dichters. Auch sie läßt sich nach Plausibilitätskriterien beurteilen und unterscheidet sich von der wissenschaftlichen Konjektur bisweilen nur in der Menge der Mutmaßungen, durch Verzicht auf Argumentation und die Darbietung im Erzählstil. Der Leser erfährt nicht, an welchen Stellen der Autor die Quellen ergänzt und aus welchen Gründen er das so und nicht anders tut. Im günstigsten Falle entsteht aus dem Torso der Überlieferung ein ganzes Bild davon, wie der Gegenstand einmal ausgesehen haben könnte.

Neben dieser klassischen Form des historischen Romans, der die Schlüsselfiguren und Hauptereignisse aus der Geschichte übernimmt, so Xenophon in seiner »Kyropädie« oder die Urform des Alexander-Romans in Briefen, dann Leo Tolstoi in »Krieg und Frieden« 1868; Felix Dahn »Ein Kampf um Rom« 1878 oder Margaret Mitchell in »Vom Winde verweht« 1936, gibt es Erzählungen, die sich weiter vom überlieferten Geschehen entfernen. Mitunter ist nur der Hintergrund historisch, so bei den Romanen von Walter Scott, James Fenimore Cooper und Gustav Freitag. Gute Geschichtsromane überzeugen durch Einfühlungsvermögen, das nur aus soliden historischen Studien zu gewinnen ist. Wo die Phantasie durch Kühnheit beeindrucken will, haben wir es mit Science Fiction zu tun, die Szenarien in weiter Zukunft oder ferner Vergangenheit entwirft, so wie der utopische Roman der Antike sich am Rande der bewohnten Erde ansiedelte.

Der Historiker wie der Dichter vervollständigt die Faktenkenntnis mit Hilfe des Vorstellungsvermögens. Sage niemand, das aber sei doch etwas ganz anderes als jene zur Rekonstruktion von unverwirklichten Möglichkeiten erforderte »reine« Phantasie. Eine reine Phantasie gibt es nicht. Phantasie arbeitet stets mit vorgegebenen Versatzstücken, die der Erfahrung abgewonnen sind. Jede »freie« Erfindung offen-

bart bei näherem Zusehen ihre Unfreiheit gegenüber den Inspirations-
quellen ihres Erfinders. Und diese Herleitbarkeit von Denkmög-
lichkeiten aus der Erfahrung ist die Voraussetzung dafür, daß wir
wissenschaftlich über sie diskutieren können.

3.42

Ebensowenig, wie die (für die Ermittlung geschehener Geschichte
erforderliche) historische Phantasie aus der professionellen Geschichtswissenschaft zu verbannen ist, erringt diese immer (die für
die Ermittlung ungeschehener Geschichte natürlich erst recht uner-
reichbare) Gewißheit. Da auch vergangenes Geschehen nur über
Schlußfolgerungen und nie über die Anschauung zugänglich ist, erreichen wir im Rahmen der Faktenforschung höchstens praktische
Gewähr. Irgendwann lohnt es nicht mehr, eine gut gesicherte Tatsache erneut zu prüfen. Theoretische Gewähr, daß es so gewesen sein
muß, wie wir meinen, erlangen wir nie, weil unsere Quellenbefunde
grundsätzlich unvollständig sind. Das Optimum historischer Beweis-
führung lautet: »Alles spricht bisher dafür, daß ...«.

Und diesen Grad an Sicherheit erreicht in günstigen Fällen auch
eine hypothetische Alternative. Es gibt zwingende Annahmen nicht
eingetretener Möglichkeiten. Alles spricht z.B. bisher dafür, daß eine
längere Regierung Kaiser Heinrichs VI. das Reich gestärkt hätte, daß
ohne den Angriff der Türken Konstantinopel über 1453 hinaus by-
zantinisch geblieben wäre, daß ohne die Zustimmung Hindenburgs
Hitler am 30. Januar 1933 nicht Reichskanzler geworden wäre. All
dies ist praktisch sicher, obwohl es sich um Ungeschehenes handelt.
Umgekehrt bleibt auch das am besten gesicherte historische Wissen,
sogar innerhalb der eigenen Erinnerung, mit einer Dosis Fragwür-
digkeit behaftet. Wer im Alter eigene Jugendbriefe nachliest, wun-
dert sich, daß er manche Dinge doch ganz anders im Gedächtnis
hatte – die Erinnerung arbeitet. Angesichts der Unsicherheit all dessen, was vom Hier und Heute entfernt ist, verliert der Einwand an
Gewicht, daß im Bereich des Wirklichen Gewißheit erreichbar sei,
im Bereich des Möglichen dagegen alles unsicher bleibe.

3.43

Bei der Antwort auf die Frage, »Was wäre gewesen, wenn ...?« können sich subjektive Vorlieben entfalten. Aber auch hier liegt nur ein

gradueller ᴜnterschied zur akademischen Geschichtsforschung vor. Wer sich die Mühe macht, die verschiedenen Verwendungen des Begriffs »Revolution« zu sammeln, die zahlreichen Wesensbestimmungen der Großperiode »Mittelalter« aufzulisten oder die unterschiedlichen Erklärungsversuche zum Untergang Roms einander gegenüberzustellen (Demandt 1984), wird über den Grad an subjektiver Urteilsbindung staunen und die Historie für weniger seriös befinden, als sie sich gibt.

3.44

Die Ungewißheit, die normalen historischen Urteilen anhaftet, ist weder ein Freibrief für den Geschichtsschreiber noch ein Makel für die Geschichtswissenschaft. Denn jegliche Erfahrungswissenschaft muß sich mit vorläufigen und verbesserungsfähigen Erkenntnissen begnügen. Auch in der Naturwissenschaft ist der Geltungsrahmen eines Gesetzes durch Experimente nicht rundum abzustecken, die jeweils unterstellten *Ceteris-Paribus*-Klauseln werden meist erst nach und nach deutlich. Schon Ludwig Boltzmann († 1906) hat erkannt, daß auch physikalische Gesetze bloß Wahrscheinlichkeit beanspruchen können (Sachsse 1979, 114). Naturwissenschaftliche Prognosen sind immer ungenau und niemals theoretisch gewiß. »Daß die Sonne morgen aufgehen wird, ist eine Hypothese«, wie Wittgenstein (1921/60, 110) bemerkt. Ihre Gewißheit läßt sich weder empirisch noch rechnerisch ermitteln. Möglich wäre es bloß logisch: über die Tautologie, daß »morgen« eben dann ist, »wenn die Sonne aufgeht«.

3.5

Die Konjekturalhistorie hat mit Normalhistorie gemein, daß ihr Gegenstand in der Vergangenheit liegt. Daß sie der Modalität der Möglichkeit angehört, verbindet sie mit der Futurologie. Die Prognostik, wie sie etwa Ossip Flechtheim verficht, ist ähnlichen Einwänden ausgesetzt wie unsere Epignostik, und sie sind ebensowenig durchschlagend.

Ein Beispiel. Die Büromöbelfirma Emsig u. Co. läßt von einem Institut für Zukunftsforschung die Absatz-Chancen für ihren neuen federnden Drehstuhl »Sella« ermitteln. Die Auskunft ist positiv, der Stuhl wird gebaut und verkauft. Prof. Bieder setzt sich auf seine »Sella« und beweist sodann, daß man die Zukunft nicht erforschen könne. Anschließend läßt er einen Lehrer-Kandidaten durchs Examen fallen, weil er nicht erwarten lasse, daß er den Anforderungen der Schule gewachsen sei. Prof. Bieder ist praktisch Objekt und Subjekt einer Prognose, die er theoretisch verwirft.

Die 30.000 Mitglieder der *World Future Society* bezeugen ein Bedürfnis nach Planung und Voraussicht, das aus der Erfahrung wachsender technischer Machbarkeit stammt. Wenn wir nicht zwischen begründeten und unbegründeten Erwartungen unterscheiden könnten, wenn Möglichkeitsurteile und Wahrscheinlichkeitsaussagen über Künftiges argumentativ nicht abzusichern wären, hätten die Worte »Erfahrung« und »Vernunft« ihren Sinn verloren.

Behauptungen über gegenwärtige wie über vergangene Zukunft sind niemals apodiktisch, sondern immer nur hypothetisch möglich. Sie enthalten in den Wünschen und Fähigkeiten der Menschen einen Parameter unberechenbarer Größenordnung. Das mindert ihren Wert nur in den Augen jener, die überzogene Erwartungen hegen. Über gut begründete Hypothesen kommen wir in den empirischen Disziplinen nie hinaus.

Weizsäcker (1968) meinte, daß die politische Prognostik keine Wissenschaft, sondern eine Kunst sei. Einen gleichlautenden Vorwurf hat die Geschichtsschreibung längst in Ehren zu tragen gelernt. Er ist annehmbar, wenn wir das, was Kunst heißen darf, nicht dem privaten Geschmack des Musenfreundes überlassen, sondern gesellschaftlich gültige Maßstäbe des Könnens voraussetzen. Für die Griechen war die Kunst eine Schwester der Technik, und Technik liegt jeder Wissenschaft zugrunde. Jakob Bernoulli († 1705), der Verfasser der »Ars conjectandi«, war Mathematiker. Wie Urania, die Muse der Astronomie, ist auch Klio eine Muse. Ihr Reich umfaßt beide Zeitrichtungen, wie wir einem anonymen Epigramm der Anthologia Graeca (IX 505f.) entnehmen:

Bei dem Lorbeer des Phoibos umwalt' ich den Dreifuß, ich Kleio,
Muse der Weissagekunst und der Geschichte zugleich.

Wissenschaftlichkeit ist ein Gütesiegel nur für die Sorgfalt des Herstellers, nicht für die Eigenschaften des Werkes. Auch höchste Gewissenhaftigkeit verbürgt die Tragfähigkeit der Ergebnisse nicht. Aussagen über andere Zeiten lassen sich von *Ceteris-Paribus*-Klauseln und von hypothetischen Prämissen niemals abkoppeln. Sie gelten stets unter dem Vorbehalt *rebus sic stantibus*.

Eine Sandkastenhistorie, die sich der Vergangenheit zuwendet, besitzt nicht die praktische Rechtfertigung, die dem Futurologen zu Gebote steht. Die Frage, ob der Zweite Weltkrieg hätte vermieden werden können, ist weniger bedeutsam als das Problem, wie ein Dritter Weltkrieg zu verhindern ist. Die in beiden Fällen erreichbare Gewähr ist dieselbe. Man könnte wohl meinen, daß die Begründbarkeit für Mutmaßungen über vergangene Zukunft geringer sei als die für Annahmen über gegenwärtige Zukunft. Denn letztere werden sich ja eines Tages als richtig oder falsch herausstellen, während erstere ewig unerweisbar bleiben. Ob Barbarossa Jerusalem erobert hätte, wenn er nicht im Saleph ertrunken wäre, wer will das jemals herausfinden? Ob aber der Kommunismus in China überlebt, das wird sich zeigen.

Dieser Unterschied täuscht insofern, als die Bestätigung einer Prognose durch den Fortgang noch lange nicht besagt, daß sie stichhaltig begründet war, ebensowenig wie ein Irrtum über das Kommende die Dummheit des Irrenden beweist. Beidemale muß der Zufall einkalkuliert werden. Dieser verdient jedoch nur dann seinen Namen, wenn er Ausnahme bleibt. Das Wort des Plinius (ep. VI 16,11) *fortes fortuna iuvat* ist durch einzelne Gegenbeispiele nicht außer Kraft zu setzen. Es gilt auch in der Form: *prudentes fortuna probat*.

Betrachten wir eine Sammlung publizierter Prognosen aus vergangenen Jahrhunderten, so fällt die große Zahl zutreffender Voraussagen auf. Fast alle bedeutenden Ereignisse des 20. sind im 19. Jh. prognostiziert worden: die Abdankung Europas und die Entkolonialisierung, der Dualismus zwischen Rußland und Amerika, die Fortschritte in Zivilisation und Technik, Demokratisierung und Cäsarismus, das Bevölkerungswachstum, die Weltkriege und der Bombenterror (Erdmann 1969; Schwendter 1982). Vergangene Fehlprognosen sollten uns nicht verwundern, sie sind meist aus individueller Voreingenommenheit abzuleiten und verdanken ihre Popularität der Schadenfreude.

3.6

Die Beantwortung der Frage: »Was wäre geschehen, wenn ...?« gleicht keineswegs der Kunst, ungelegte Eier auszubrüten. Vielmehr geht es um die bescheidenere Aufgabe, nachträglich vorherzusehen, welche Küken dabei herausgekommen wären. Und das läßt sich plausibel machen. Es ist nicht nötig, daß die ohnedies unumgänglichen Mutmaßungen über Ungeschehenes immer mit dem schlechten Gewissen des Unzulässigen und Unvertretbaren vorgebracht werden. Es sind allerdings Gründe zu fordern. Indem wir die jeweilige Vorgeschichte, die begleitende Realgeschichte und allgemeine Erfahrungsregeln heranziehen, kommen wir in vielen Fällen zu einsehbaren Wahrscheinlichkeitsannahmen.

Die genannten Argumentationsformen sind wohl nicht die einzigen, gewiß aber die wichtigsten Methoden, die Plausibilität von Alternativen zum Geschehenen zu begründen. Wenn wir dies tun, so erfinden wir nicht ins Blaue, wir denken uns keine neuen Persönlichkeiten, Völker und Städte aus, wir konstruieren keine neuen Institutionen oder Religionen, sondern operieren mit den gegebenen Größen nach gegebenen Regeln auf dem gegebenen Schachbrett, eben nur in anderer Weise, als Klio dies tut.

4. Beispiele

Docemur exemplis.

Seneca

»Alles, was wir überhaupt beschreiben können, könnte auch anders sein«. Diese These Wittgensteins (1921/60, 91) gilt auch für die Geschichte. Wir haben uns darüber Rechenschaft gegeben, daß und wie sich unverwirklichte Alternativen begründen lassen und können uns nun mit dem so gewonnenen logischen Besteck auf das heterodoxe Gedankenspiel der Gegengeschichte einlassen. Wir wählen uns einige Entscheidungssituationen aus, stellen uns vor, daß sie anders ausgegangen wären, und überlegen, was sich daraus wohl ergeben hätte.

Nicht alle Krisenlagen sind für ein solches Experiment gleichermaßen geeignet. Denn zwei Kriterien sollten erfüllt sein. Zum einen sollte der andersartige Ausgang im engeren Umkreis des Denkbaren liegen, und zum anderen sollte von ihm möglichst viel abhängen. Es sind jene Fälle, wo weitreichende Entscheidungen auf des Messers Schneide gestanden haben.

Vergleichsweise uninteressant und heuristisch funktionsarm dagegen sind Überlegungen zu ausgebliebenen Alternativen, die zwar weitreichende Perspektiven eröffnen, aber sehr unwahrscheinlich waren. Wenn die christliche Mission die antike Menschheit in friedliebende Büßer verwandelt hätte oder wenn die Pariser Commune das Fanal zur proletarischen Weltrevolution geworden wäre, dann hätte das zwar ungeheure Konsequenzen gehabt, aber die Aussichten auf einen derartigen Umschwung waren doch sehr gering. Ebenso reizlos ist es, über Alternativen nachzusinnen, die zwar ohne weiteres anders hätten ausfallen können, durch die sich am Fortgang der Dinge aber wenig geändert hätte. Was beispielsweise geschehen wäre, wenn dem gestürzten Nero im Jahre 68 die Flucht nach Alexandrien, Ludwig XVI. 1792 die Flucht aus Frankreich, Napoleon 1815 die Flucht nach Amerika, Mussolini 1945 die Flucht in die Schweiz geglückt wäre, hätte am Verlauf der Geschichte wenig geändert. Alle hatten ausgespielt. Denkbare und folgenreiche Varianten zur Geschichte ergeben sich dagegen aus Fragen folgender Art:

4.01

Was wäre geschehen, wenn die Perserkriege 490–479 von den Griechen verloren worden wären?

Nach dem Bericht Herodots (VI 109f.) war ein persischer Sieg zu erwarten, wenn der durch das Bohnenlos bestimmte Polemarch Kallimachos bei Marathon sich nicht von Miltiades hätte davon überzeugen lassen, die Schlacht zu wagen. Offenkundig standen die Dinge auf der Kippe. Nach einem Sieg der Perser wäre der im Perserheer mitgekommene Hippias, der Sohn des Peisistratos, wieder Tyrann in Athen geworden und Hellas wäre, mindestens bis zum Isthmos oder gar unter Einschluß der perserfreundlichen Argiver eine Satrapie des persischen Achaimenidenstaates geworden. Diese Folge ist wahrscheinlich.

Für die weitere Entwicklung zeichnen sich drei Wege ab. Der erste wäre der, daß ein oder zwei Generationen später die Spartaner einen Aufstand gegen den Großkönig angezettelt hätten, so daß dieser Hellas wieder verloren hätte und die Geschichte im wesentlichen so weitergelaufen wäre, wie sie weitergelaufen ist. Angesichts der perserfeindlichen Haltung der jonischen Städte und der Widerstände, die auch die übrigen Randgebiete den Persern entgegengesetzt haben, wäre dies die wahrscheinlichste Alternative. Interessanter aber sind die beiden anderen.

John Stuart Mill (Collected Works XI 1978, 273) schrieb 1846 in seiner Besprechung der Griechischen Geschichte von George Grote: *The true ancestors of the European nations are not those from whose blood they are sprung, but those from whom they derive the richest portion of their inheritance. The battle of Marathon, even as an event in English history, is more important than the battle of Hastings. If the issue of that day had been different, the Britons and the Saxons might still have been wandering in the woods.*

Diese Auffassung hat Schule gemacht. 1856 bemerkte Ernst von Lasaulx (S. 40) zu seinen Hörern: »Hätte auf den Feldern von Marathon die Standarte der Perser gesiegt, so wären wir in diesem Augenblick nicht hier versammelt, denn der ganze Strom der nachfolgenden Völkergeschichte wäre ein anderer geworden«. Lasaulx erwartete von einem Sieg des Mardonios bei Plataiai 479 den Triumph des »asiatischen Despotismus« über die »hellenische Freiheit«. Eduard Meyer (1900/44, 397), Max Weber (1906/68, 235; 273ff.) und Hermann Bengtson (1950/60, 174f.) fürchteten, daß durch einen persischen Sieg die freiheitlich-rationale Kulturentwicklung des Abendlandes im Keim erstickt worden wäre und General Fuller (I 1954, 25) schrieb: *Marathon was the birth cry of Europe.* Keine Klassik, keine Demokratie, keine hellenistische Weltkultur – und damit auch keine Renaissance, kein Humanismus, keine Moderne. Stattdessen hätten die Perser die in den Mysterien und Orakeln der Griechen gegebenen Ansätze zu einer religiös-theokratischen Kultur entwickelt. Rom hätte seine Vermittlerrolle nicht spielen, griechischen Geist an die europäischen Völker nicht weiterreichen können. Der Okzident wäre ein bloßer Fortsatz des despotisch-mystischen Orients geworden. Noch bei Hanson (Cowley 1999, 35) lesen wir: *Themistocles saved Western Civilization.*

Dieser düsteren Epignose steht eine andere, dritte Möglichkeit gegenüber. Schon Platon hat im »Gorgias« (519 A) der Ansicht widersprochen, die Persersieger Themistokles, Miltiades und Kimon seien zu loben, weil sie Athen groß gemacht hätten. Vielmehr sei durch sie die Stadt aufgedunsen, sei machthungrig geworden und moralisch verdorben. In diesem Sinne erklärte Nietzsche 1875: »Die Perserkriege sind das nationale Unglück: Der Erfolg war zu groß, alle schlimmen Triebe brachen heraus« (IV 1, 184 vgl. 178). Unterschwellig parallelisiert Nietzsche die Siege um 490/80 mit denen von 1870/71. Als Folgen für Athen vermerkte er: Zentralismus, Machtgier und Massenherrschaft. In der Tat resultiert aus den Perserkriegen nicht nur die Klassik, sondern auch der Dualismus Athen-Sparta mit all seinen Begleit- und Folgeübeln (Walser 1959, 239f.).

Aus dem Kreise der Historiker hat Eduard Meyer von Julius Beloch (1914, 74f.) Widerspruch erfahren. »Wenn es aber auch Xerxes gelungen wäre, die griechische Halbinsel zu erobern, so würde doch die hellenische Kultur dadurch keineswegs zugrunde gegangen sein, denn diese Kultur ruhte damals noch hauptsächlich auf Jonien.« In der Tat läßt sich auch eine erträgliche Folgerung an einen Sieg der Perser knüpfen. Es wäre denkbar, daß die Perser die Geistesfreiheit ebenso geschont hätten wie zuvor in den Griechenstädten Kleinasiens. Selbst demokratische Stadtverfassungen waren möglich. Das zeigt Ephesos in der Zeit Heraklits (B 121), das bestätigt der Tyrannensturz durch Mardonios (Herodot VI 43). Vielleicht wäre der Neubau des Parthenon durch eine Spende des Großkönigs ermöglicht worden, so wie auch der Tempel von Jerusalem im sechsten Jahre des Darius, 515 v.Chr. mit persischem Gelde wieder errichtet worden ist (Esra 6). Trotz ihrer strukturell andersartigen und bildlosen Religion haben die Perser den griechisch-römischen Götterkult nicht grundsätzlich abgelehnt oder gar bekämpft. Das lehren die Gadatas-Inschrift des Dareios für den Apollontempel von Klaros und das großartige Brand-Opfer des persischen Feldherrn Datis auf Delos im Jahre 490 auf dem Wege nach Marathon (Herodot VI 97).

In einem toleranten und entwicklungswilligen Weltreich wie dem Achaimenidenstaat vereint, wäre den Griechen all das Bürgerblut erspart geblieben, das sie nach dem Ende der Perserkriege vergossen haben. Die schon vorher am Hofe der Perser starken griechischen Einflüsse hätten sich ungehindert entfalten können, die gegenseitige Durchdringung von griechischer Rationalität und orientalischer Religiosität wäre ohne die Konvulsionen der Alexanderzeit erfolgt, der Hellenismus hätte 150 Jahre früher begonnen.

Die an einen persischen Sieg über die Griechen geknüpften Befürchtungen – so noch Hansen bei Cowley (1998, 66) – wurzeln in einem klassizistischen Geschichtsbild, das auf dem Gegensatz zwischen Griechen und Barbaren, Europa und Asien beruht. Dieses Schema ist bei Aischylos faßbar, hat in der attischen Rhetorik eine Zuspitzung erfahren (Platon, Menexenos 240 E) und blieb lebendig. So erklärte Plutarch (mor. 350 B), daß die Athener in den Perserkriegen die Freiheit gerettet und an die Menschheit weitergereicht hätten. Die neueren Anhänger dieser These kommen von Hegel (SW. XI 325f.) her, der glaubte, daß in diesem Konflikt zwischen orientalischem Despotismus und freier Individualität der »Geist« gerettet worden sei. Einer derart eingleisigen Geschichtskonstruktion widerspricht der von allen attischen Einflüssen unberührte Freiheitsstolz der frühen Römer, Kelten und Germanen.

4.02

Was wäre geschehen, wenn Alexander d.Gr. nicht 323 gestorben wäre?

Wenige Menschen haben der Geschichte ihren Stempel so spürbar aufgedrückt, wie Alexander dies getan hat. Sowohl eine kürzere als auch eine längere Regierungszeit hätten nachhaltige Folgen gezeitigt. Ein früher Tod, am Granikos etwa, hätte einerseits dem unter Artaxerxes III. gerade erstarkten Perserreich eine neue Chance geboten, andererseits den griechischen Polisdemokratien das Leben verlängert; der Wunsch des Demosthenes hätte sich erfüllen können. Wäre das Attentat auf Philipp mißlungen und hätte er noch dreißig Jahre regiert, so hätte er in einem siegreichen Feldzug gegen die Perser vielleicht die jonischen Städte befreit und Kleinasien in Kleinfürstentümer aufgeteilt. Im übrigen hätten die bestehenden Zustände noch eine Weile andauern können. Die innere Schwäche der griechischen Stadtstaaten auf der einen und die Angriffslust der Illyrer, Kelten und Perser auf der anderen Seite hätten das Griechentum weiterhin bedroht. Der Hellenismus hätte sich zum mindesten verzögert, Syrien und Ägypten wären ihm vermutlich verschlossen geblieben, und eine christliche Mission mit aramäischem Evangelium hätte im Westen keine Aussicht besessen. Darin hat Droysen (1858/ 1937, 90f.) gewiß Recht, daß Alexander durch Schaffung des griechisch sprechenden hellenistischen Verkehrsraumes dem Christentum den Weg gebahnt hat.

Wäre Alexander hingegen nicht schon in seinem 33. Lebensjahr gestorben, so eröffnen sich drei von der Geschichte unbeschrittene Wege. Der erste mündet in eine asiatische Despotie über den persisch-griechischen Raum. Anzeichen für eine solche Entwicklung boten Alexanders Selbstvergottung und die Gewaltakte in der Unterdrückung von Widerständen. Eine zweite Möglichkeit wäre ein makedonisch-persisches Großreich, das im Westen vielleicht bis zum 20. Längengrad, der spätantiken Sprachgrenze zwischen Griechisch und Lateinisch, gereicht und zwischen dem von Römern, Kelten und Germanen beherrschten West-Europa und dem indischen Orient eine ähnliche Mittelstellung hätte einnehmen können wie später das Kalifenreich.

Eine dritte, phantastische Alternative hat Arnold Joseph Toynbee 1969 in einer seiner letzten Schriften ausgemalt. Er geht aus einerseits von den bei Diodor (XVIII 4,4) überlieferten letzten Plänen des Königs und andererseits von dem in der angelsächsischen Forschung verbreiteten Bild von Alexander als politischem Weltheiland, dessen

Idee es war, die Menschheit in Brüderlichkeit und Frieden zu vereinen, so wie es in der Massenhochzeit von Susa und der Versöhnungsorgie von Opis vorgezeichnet ist (Arrian VII 4, 11) und wie es Plutarch (mor. 329 B-330 D) bestätigt: Alexander habe entgegen dem Rat von Aristoteles die Barbaren als gleichrangig betrachtet und sich selbst als gottgesandten Ordner und Schiedsmann aller Menschen verstanden, der die bewohnte Erde als gemeinsames Vaterland vereinen und beschützen solle. Wenn die Gottheit, schreibt Plutarch, die auf Erden gesandte Seele Alexanders nicht allzurasch zurückgefordert hätte, dann würde heute alle Menschheit im Lichte seiner Gerechtigkeit leben können.

Toynbee entwickelt daraus einen Deuteros Plous für die gesamte Weltgeschichte. Leicht verändert und stark gekürzt ergibt sich folgendes Bild.

Alexander überwindet die Krankheit vom Juni 323, sie kuriert ihn von der Trunksucht und vom Eigensinn. Währenddessen haben Eumenes, Perdikkas und Ptolemaios, die drei bewährten Offiziere Alexanders, die Regierung geführt, und sie verwalten auch später das Reich, wenn der König unterwegs ist. Bald nach der (tatsächlich postumen) Geburt Alexanders IV. umsegelt Alexander (wie geplant) Arabien, entdeckt bei der Gelegenheit die Monsunwinde (tatsächlich gelang das erst um 100 v.Chr.), landet im Herbst 323 bei Suez und läßt den (vom Pharao Necho angelegten, von Dareios I erneuerten) Kanal vom Roten Meer zum Nil instandsetzen.

Danach werden, wie vorgesehen, Phönizier am Persischen Golf angesiedelt. Als Seevolk Alexanders lassen sie sich in Kuwait, Bahrain und Aden nieder. Auch Tyros wird wieder aufgebaut. Andere semitische Völker wie Samariter, Moabiter und Aramäer nutzen die Chance zur See, ebenfalls die Juden. Sie werden ein weltoffenes Volk; die aus ihrer Verfolgungssituation erwachsene religiöse Inbrunst verliert sich im Zuge einer Emanzipation in den Hellenismus. Das Judentum ist kein Herd mehr für religiöse Bewegungen, Christentum und Islam entfallen.

Alexander verlegt seine Hauptstadt von Babylon nach Alexandria, das zur neuen Welthauptstadt anwächst. Religiöser und kultureller Mittelpunkt ist das von Alexander geplante Hephaisteion. (Auch die Seleukiden haben später Babylon bzw. Seleukeia als Hauptstadt mit Antiochia vertauscht, das dem Mittelmeer näher lag.) 321 segelt

Alexander nach Makedonien, läßt Nordanatolien und Thrakien sichern und schickt seine unruhestiftende Mutter Olympias auf die Paradies-Insel Sokotra im Indischen Ozean in eine ehrenvolle Verbannung. Seine verwitwete Schwester Kleopatra verheiratet er mit Leonnatos und ernennt ihn zum Nachfolger Antipaters, als dieser (wie geschehen) 319 stirbt.

Der ehrgeizige und skrupellose Sohn Antipaters Kassandros wird von Alexander übergangen, flieht zu den Karthagern und liefert damit einen Kriegsvorwand. Ptolemaios geht im Auftrage Alexanders nach Sizilien. Als zweiter Timoleon einigt er die zerstrittenen Griechen gegen die Sikelioten und gegen die Karthager. Er beruft einen Kongreß nach Syrakus und begründet einen Syrakusanischen Bund nach dem Vorbild des Korinthischen Bundes. Alexander wird Bundesfeldherr im Kampf gegen Karthago. 319 erobert er die Stadt, wobei ihm eine mit den Griechen sympathisierende fünfte Kolonne hilft. Auch Nordafrika wird, als Bund von Utica, nach korinthischem Muster organisiert. In Gibraltar baut Alexander die Stadt Alexandreia Eschata Herakleia – entsprechend zu Alexandreia Eschata Dionysiaka am Jaxartes.

Die Erschließung der europäischen Atlantikküste überträgt Alexander den Massilioten, deren berühmten Nordfahrer Pytheas er in Gades getroffen hat. Die Punier von dort erhalten den Auftrag, Afrika von Westen her zu umsegeln (nachdem 300 Jahre zuvor ihre phönikischen Landsleute es von Osten her geschafft hatten, Herodot IV 42).

In Italien waren 321 die Römer (realiter) von den Samniten in den Caudinischen Pässen geschlagen worden. Alexander schickt Ptolemaios nach Tarent, das Rache für den Tod von Alexanders gleichnamigem Onkel, König von Epirus, gefordert hatte. Er war (tatsächlich) 330, mit Rom verbündet, gegen die Italiker gezogen und ermordet worden. Gestützt auf die Philhellenen unter den Senatoren bringt Ptolemaios ein Bündnis zwischen Alexander, den Griechenstädten und Rom zustande. Samnium wird 317 geschlagen. Die süditalischen Städte werden wiederum in einem »korinthischen« Bund organisiert. Rom soll seine Expansionsgelüste in Norditalien und Gallien befriedigen.

Das Mittelmeer ist in Alexanders Hand. Mit oskischen Söldnern bereitet er die Eroberung Indiens vor. Hier hat auf die falsche Nachricht von Alexanders Tod 323 (der als Person historische) Tschandragupta die griechischen Garnisonen angegriffen, ist geschlagen worden und bietet nun den Makedonen seine Dienste an. Alexander sendet ihn nach Magadha, in den mächtigsten Gangesstaat voraus. Alexander folgt, nimmt Pataliputra ein und fährt, wie einst den Indus, so den Ganges hinunter. An der Mündung begegnen ihm die Phöniker, die er auf dem Seeweg um Indien dorthin gesandt hatte. Er überträgt 314 n.Chr. Seleukos das Königtum Magadha.

Zu Alexanders Reich gehört nun auch Buddhas Heimatland. Buddhistische Mönche aus Kapilavastu erlernen das Griechische und nutzen die Reichseinheit zur Mission im Westen (so wie das später Ashoka getan hat). Seitdem sind Weltreich und Weltreligion verknüpft. Der Buddhismus toleriert alle historischen Religionen und ordnet sie in sein System der Selbsterlösung. In Hellas schreiben Zenon und Epikur Kommentare zu Buddhas Predigten.

Nachdem Alexander nach Alexandria zurückgekehrt ist, erreichen ihn Gesandte der griechischen Schwarzmeerstädte mit der Bitte um Hilfe gegen die Skythen. Alexander geht 312 an den Jaxartes. Er hört von den Reichtümern Chinas, verbündet sich mit den Issedonen, den Wu-Sun-Nomaden und den Empörern in China. 311 siegt er an der Spitze der Aufständischen und setzt Antigonos Monophthalmos auf den chinesischen Thron. 293 folgt diesem sein Sohn Demetrios Poliorketes. Die Antigoniden nehmen so die Yüan-Herrschaft vorweg. 308 hat Nearch den Seeweg nach China entdeckt, die Berichte der Phöniker über die südlichen Ländern veranlassen die Ausdehnung der Chinesen nach Süden bis Tasmanien. 311 gehört Alexander die kultivierte Welt. Er stirbt im Alter von 69 Jahren 287 v.Chr.

Sein Sohn und Nachfolger Alexander IV teilt die Selbstüberhöhung seines Vaters nicht. Er liberalisiert die Verwaltung, zivilisiert die Entwicklungsgebiete und unterstützt Roms Ausgreifen nach Norden. In Alexandria errichtet er eine Universität mit einer geisteswissenschaftlichen Abteilung im Museion und einer naturwissenschaftlichen im Hephaisteion, wo (wie bekannt) Heron den Dampfdruck, Aristarch das heliozentrische Sonnensystem, Eratosthenes die Kugelgestalt der Erde entdeckt. Diese Nachricht kommt nach Karthago und bewegt einen unternehmungslustigen jungen Mann namens Hannibal, über den westlichen Okeanos den Seeweg zu den schon in Shanghai sitzenden Phönikern zu suchen. Er findet dabei die aus

Platons Schrift »Timaios« bekannte Insel Atlantis, das Land der Antipoden. (So abenteuerlich das klingt – aber die nautischen und geographischen Kenntnisse eines Kolumbus waren schon im Hellenismus verfügbar.) Die weitere Entwicklung vollzieht sich in Form einer allmählichen Erschließung der bewohnten Erde. Auf überwiegend friedlichem Wege treten immer mehr Staaten dem ökumenischen Koinon bei, ein weltweiter Hellenismus und Humanismus breitet sich aus. Unter Alexander XIII. ist der Weltstaat vollendet, sein Zentrum ist Alexandria.

Hier sitzt Toynbee an einem Schreibtisch als Stipendiat Alexanders LXXXVI. und denkt darüber nach, was wohl geschehen wäre, wenn Alexander III. damals in Babylon gestorben wäre. Die reale Geschichte erscheint nun als hypothetische Alternative. Und sie ist wenig verlockend. Die schon zu Lebzeiten Alexanders spürbaren Widerstände gegen seine Verschmelzungs- und Versöhnungspolitik hätten die Oberhand gewonnen. Die Menschheitsidee hätte sich gegen das dualistische Klischee von Hellenen und Barbaren nicht durchgesetzt. Die Generale hätten ihre asiatischen Frauen verstoßen, es wäre zum Bürgerkrieg unter den Diadochen gekommen. Das Reich wäre dabei wohl in Stücke gegangen. Diese Reibungen hätten den wissenschaftlich-technischen Fortschritt empfindlich behindert und das ganze hellenistische System so geschwächt, daß es anfällig geworden wäre gegen die Flügelmächte Indien und Persien auf der einen, gegen Karthago und Italien auf der anderen Seite.

Der hellenistische Einflußraum wäre geschrumpft, nationale Ideen und intolerante Religionen hätten sich breit gemacht, so bei den Persern und Juden. Möglicherweise hätte die Verzweiflung an der Realisierbarkeit von Alexanders Weltfriedensplan dazu geführt, daß man die Hoffnungen auf einen persischen Saoschyant oder einen jüdischen Messias übertragen hätte. Die Folge wäre gewesen, daß die politischen Ideale Alexanders sich in die Phantasterei einer Eschatologie verflüchtigt hätten, man hätte die Einheit der Menschen ins Jenseits, in den Himmel, auf den neuen Aion verschoben und damit *ad kalendas Graecas* vertagt.

Im Osten hätten Inder und Perser die Griechen als Fremdherrscher betrachtet und irgendwann abgeschüttelt. Ob sich im Westen dann Karthago, Syrakus oder Rom durchgesetzt hätte, in jedem Falle wäre das eine Bedrohung für die hellenistischen Kulturstaaten geworden.

Der Streit unter den zivilisierten Völkern des Mittelmeerraumes aber hätte den Barbaren im Norden Chancen geboten. Irgendwann wären Skythen, Kelten und Germanen über den reichen Süden hergefallen und hatten ihn möglicherweise kulturell ausgelöscht. Vermutlich hätten schon die Karthager oder Italiker ein gewisses Quantum an hellenischer Zivilisation übernommen. Es wäre denkbar, daß dies sogar die Kelten und Germanen, ja selbst die Skythen und Slawen getan hätten. Aber ohne die Kontrolle durch die moralisch und militärisch überlegene Kulturpolizei des alexandrinischen Systems würden diese Barbaren die Technik zu Macht- und Kriegsinstrumenten mißbraucht haben. Polemos, der auf dem Gemälde des Apelles gefesselt vor Alexanders Siegeswagen einherschreitende Kriegsgott (Plinius NH. XXXV 93f.), säße nun seinerseits auf dem Wagenthron und triumphierte über die Menschheit.

4.03

Was wäre geschehen, wenn Hannibal nach seinem Sieg bei Cannae 216 v.Chr. auf Rom marschiert wäre?

»Am Abend nach der Schlacht gab es auf italischem Boden kein römisches Heer mehr« (Hoffmann 1962, 73). Hannibals Reiterführer Maharbal forderte den sofortigen Angriff auf Rom, und der Senat erwartete ihn. Lucius Metellus und die Überlebenden der Schlacht befürworteten eine Auswanderung der Römer aus Italien (Valerius Maximus V 6,7). Der Senat ließ die Tore bewachen, um einer Massenflucht vorzubeugen (Livius XXII 55,8). Livius (XXII 51,4) und die meisten antiken Autoren waren der Meinung, daß Rom nur gerettet worden sei, weil Hannibal gezaudert und seine Gelegenheit versäumt habe. Dies erschien so unerklärlich, daß noch die späteren Jahrhunderte daran herumgerätselt haben. Silius (X 337ff.) erzählt, Juppiter habe Hannibal im Traum gewarnt; Augustinus (Civ. Dei III 20) schreibt von Stürmen und Blitzen, mit denen die Götter nach heidnischer Auffassung die Karthager abgeschreckt hätten. Der Schreckensruf von 211 *Hannibal ad portas* wurde zum geflügelten Wort (Cicero Phil. I 11), und in den Schulen der Kaiserzeit wurde darüber deklamiert, wie Hannibal damals nachdachte, ob er Rom angreifen solle oder nicht (Juvenal VII 161f.).

In der Forschung (Christ 1974) stehen sich zwei Meinungen gegenüber. Die eine wirft Hannibal eine verspielte Chance vor. Schon bei Saint-Evremond (1633 ch. VII) lesen wir: *aller à Rome après la bataille de Cannes fait la destruction de cette ville et la grandeur de Carthage; n'y pas aller produit avec le temps la ruine des Carthaginois et l'Empire des Romains.* Feldherren wie Napoleon und Montgomery haben dieser Ansicht zugestimmt und Hannibal günstige Aussichten bescheinigt. Nehmen wir einmal an, Maharbal hätte sich durchgesetzt, so müssen wir die punische Glückssträhne gar nicht bis zur Eroberung oder gar Zerstörung Roms fortführen. Derartiges lag offenbar außerhalb Hannibals Absicht. Er soll gesagt haben, ihm gehe es nur um den Vorrang und die Vormacht, keineswegs um die Zerstörung Roms: *non internecivum sibi esse cum Romanis bellum; de dignitate atque imperio certare* (Livius XXII 58,3). Hannibal wollte Rom wieder auf Italien oder einen Teil davon zurückstutzen, ein Kriegsziel, wie es hellenistischem Denken entsprach.

Es wäre denkbar, daß Rom in jenem Schreckensmoment dem vor seinen Mauern stehenden Punier einen Frieden angeboten hätte. Vermutlich wäre Hannibal zufrieden gewesen, wenn Rom seine außeritalischen Besitzungen aufgegeben und einen Teil seiner Bündnisse innerhalb Italiens gelöst hätte. Hannibal wäre im Triumph nach Karthago zurückgekehrt, hätte eine charismatische Monarchie begründet und die Hegemonie über das westliche Mittelmeer ausgeübt. Karthago war damals stärker hellenisiert als Rom und verkörperte insofern die »überlegene Civilisation« (Mommsen RA. 317), die »fortschrittlichere« Macht. Darum wäre eine solche Entwicklung nicht grundsätzlich geschichtswidrig.

Das *Imperium Punicum* hätte seinen Schöpfer vielleicht nicht lange überdauert. Es ist denkbar, daß sich der Aufstieg Roms nur verzögert hätte. Gewiß aber hätte es in diesem Falle den Mythos von Cannae nicht gegeben. Bis in die Völkerwanderungszeit (Ammian XXXI 13, 19) hielt in jeder äußeren Not Cannae dafür her, daß Rom durch militärische Niederlagen nicht zu brechen sei.

Die Gegenthese zu dieser Variante besagt, Hannibal habe Rom damals nicht einnehmen können, und die Römer hätten dies gewußt. Sie geht zurück auf Montesquieu (1734 ch. IV): *une preuve, qu'Annibal n'auroit pas réussi, c'est que les Romains se trouvèrent encore en état d'envoyer par-tout du secours.* Montesquieu glaubte, die moralische und militärische Kraft Roms habe sich durch diese Herausforderung erst recht entfaltet, und pflichtet darum der römischen Tradition bei, die in der Überwindung jener Gefahr ein Beispiel für die ungebrochene Kraft des römischen Volks erblickte.

Hannibals Aussichten, nach Cannae die Stadt Rom zu bezwingen, werden in der Historiographie seitdem überwiegend skeptisch beurteilt. Mommsen (RG. I 615) kritisierte »die naiven Leute, die in alter und neuer Zeit gemeint haben, daß Hannibal mit einem Marsch auf die feindliche Hauptstadt den Kampf hätte beendigen können«. Die herrschende Meinung besagt, daß ein Genius wie Hannibal sich in der entscheidenden Situation nicht habe irren können und aus guten Gründen den Angriff vermieden habe. Der Irrtum Hannibals lag tatsächlich wohl in der Annahme, daß Rom gemäß den agonalen Spielregeln hellenistischer Kriegführung nach der Feststellung, wer der Stärkere sei, einen Frieden anbieten würde. Daß Rom aufs ganze ging, konnte er nicht ahnen.

Valerius Maximus (VII 2 ext. 16) überliefert eine Diskussion im Großen Rat von Karthago, als die Siegesnachricht von Cannae eingetroffen war. Da trotz dieser Niederlage Roms Bundesgenossen nicht die Seiten wechselten, empfahl Hanno den Ratsherren, ihrerseits Rom einen Frieden anzubieten. »Wenn er damit durchgedrungen wäre, dann wäre Karthago im zweiten punischen Krieg nicht besiegt, im dritten nicht zerstört worden«. Das ist eher unwahrscheinlich. Rom rief die Sklaven zu den Waffen, verweigerte die Auslösung der Gefangenen und lehnte Friedensverhandlungen ab. Nach vier Jahren besaß Rom wieder 25 Legionen, die Verbündeten stellten dieselbe Zahl an Truppen. Als Hasdrubal seinem Bruder über die Alpen zu Hilfe zog, wurde er 207 am Metaurus geschlagen. Damit war die Niederlage der Punier besiegelt. Es gehört zur Ironie der Geschichte, daß der Widerstand Karthagos die Expansion Roms erleichtert hat. Er bot den Römern die Handhabe, nach Sizilien zu gehen, Sardinien und Korsika zu annektieren, in Spanien Fuß zu fassen, gegen Makedonien, das mit Hannibal verbündet war, zu marschieren und endlich Africa selbst zu gewinnen.

Winston Churchill (1933, 249ff.) schrieb, die Schlachten des Zweiten Punischen Krieges verdienten ein höheres Interesse als die des Ersten Weltkrieges. Damals sei es darum gegangen, *whether the Mediterranean and all that centred around it should be ruled by an Aryan or a Semitic race.* Diese Alternative war nicht neu. Schon Jules Michelet (1831/1972, 440) erklärte, in den Punischen Kriegen sei es darum gegangen, welche der beiden ewig verfeindeten Rassen die Welt beherrschen dürfe, die Indogermanen oder die Semiten. Abgesehen von der Rassenproblematik als solcher, standen die Chancen nie pari. Eine Weltherrschaft der karthagischen »Semiten« war schon deswegen nicht zu erwarten, weil es viel zu wenig davon gab. Selbst im Heere Hannibals bildeten sie eine Minderheit. Insofern bleibt das 216 sich eröffnende alternative Szenarium ohne Tiefe. Die mit Hannibal stets verbundene Frage: *L'histoire pouvait-elle prendre un autre cours?* (Charles-Picard, 1967, 231; 249) ist hier wohl zu verneinen. Um Roms Aufstieg zu verhindern, dafür war es nicht fünf vor, sondern fünf nach Zwölf.

4.04

Was wäre geschehen, wenn Brutus und Cassius, die »letzten Römer« (Sueton Tib. 61,3), im Jahre 42 v.Chr. die Schlacht bei Philippi gegen Octavian und Antonius gewonnen hätten?

Mit dem Sieg über die Cäsarmörder »war das Geschick Roms entschieden ... Der Sieg von Brutus und Cassius hätte wohl auch zum Absolutismus geführt« (Mommsen 1882/1992, 76). In den Bürgerkriegen bis Actium kämpfte man nicht mehr um ein Prinzip, sondern bloß noch für eine Person. Unter den deutschen Althistorikern ist der Übergang von der Republik zum Principat eine Zeit lang als »Krise ohne Alternative« gekennzeichnet worden (Meier 1966/80, 201). Diese Formel ist insofern irreführend, als eine Krise eine Entscheidungssituation darstellt und eine Entscheidung Alternativen voraussetzt. »Krise« bedeutet ursprünglich in der griechischen Medizin jene Frist, in der klar wird, ob der Kranke durchkommt oder nicht (Demandt 1978, 27). Die grundlegende Alternative hieß: Wiederherstellung der Republik oder Umwandlung des Staates? Der zweite Fall läßt sich abermals in eine Mehrzahl von Möglichkeiten aufgaben: Einführung einer westlich-gemäßigten oder einer hellenistisch-absoluten Monarchie, Wahrung der Reichseinheit oder Aufteilung in zwei oder mehr Teile. Ein Zerfall des Staates deutete sich in den Sonderherrschaften an: Sertorius in Spanien, Sittius in Africa, Vercingetorix in Gallien, Bato in Pannonien, Labienus im Osten ... Das Prinzipat des Augustus bewahrte die Einheit um den Preis der Freiheit. Der Staat bestand weiter, die alte Staatsform verschwand. Aber mußte dies so sein?

Die Schlacht bei Philippi bot die letzte Gelegenheit zur Rettung der *res publica libera*, allerdings nur unter der Voraussetzung, daß der denkbare Sieg des Brutus zugleich den Tod Octavians gebracht hätte. Anderenfalls würde sich die Entscheidung wenig später ähnlich ein weiteres Mal gestellt haben. Wie knapp Octavian damals dem Tode entronnen ist, hat er in seinen Memoiren selbst berichtet: er war krank und ließ sich, durch den Traum seines Arztes Asklepiades gewarnt, aus dem Lager tragen. Brutus eroberte dieses, Octavians leere Sänfte wurde von Speeren durchbohrt (Plutarch, Brutus 41).

Hätte er darin gesessen, so hätte dem Antonius sein Erfolg gegen Cassius wenig genützt. Er hätte es noch mit Brutus zu tun gehabt. Hätte dieser gesiegt oder wäre es zu einem Vertrag zwischen den Caesarmördern und Antonius gekommen, hätte sich dieser wohl mit einigen Legionen nach Alexandria zurückziehen und Brutus vertraglich den Westen überlassen müssen. In diesem Falle hatte die Republik nochmals eine Chance. In gewisser Weise wird sie durch ein Überleben des Antonius sogar erhöht, denn die Tradition des hellenistischen Gottkönigtums im Osten war mit einer republikanischen Verfassung im Westen unvereinbar und hätte bei einer Eigenstaatlichkeit eines *Imperium Alexandrinum* nicht so leicht auf Italien übergegriffen. Bei einer fortdauernden Reichseinheit wäre die Wahrscheinlichkeit einer Hellenisierung und Orientalisierung des Gesamtreiches groß geblieben.

Nehmen wir einmal folgendes an: Die Sieger von Philippi sind in Rom triumphal eingezogen. Brutus erfüllt Cicero endlich den Wunsch, persönlich in der Hauptstadt zu erscheinen. Was hätte er tun müssen, um den alten republikanischen Staat wiederherzustellen? Zunächst mußte er den Senat von caesarischen Elementen reinigen. Hinsichtlich der von Caesar aufgenommenen Gallier hat das sogar Octavian später selbst getan. Ein Friede mit Antonius auf der Basis einer Reichsteilung hätte eine Demobilisierung erlaubt, und damit wäre das Heer als Machtfaktor zurückgetreten. So wie später Octavian seine Veteranen auf den Gütern seiner Gegner angesiedelt hat, hätte Brutus das wohl auch getan.

Um das republikanische System im Westen zu erhalten, wäre Brutus mit einer bloßen Wiederholung der Gegenreformen Sullas schwerlich ausgekommen. Er hätte die Stellung der Statthalter schwächen und den Einfluß der Provinzialstädte stärken müssen, vielleicht in

Form einer repräsentativen Mitbestimmung, eines Zweikammern-systems, bestehend aus dem traditionellen Senat und einem *concilium civitatum*, in dem Vertreter der Provinzstädte saßen. Die griechi-schen Landschaftsdemokratien des achäischen und ätolischen Koinon kannten derartiges, und Brutus hat Polybios, der dies überliefert, ge-lesen und ausgeschrieben (Plutarch, Brut. 4). Um den militärischen Aufgaben gerecht zu werden, benötigte Rom, ähnlich wie die ge-nannten Bundesstaaten, einen Reichsfeldherrn, den ja Marius und Sulla, Pompeius und Caesar schon vorgespielt hatten. In unserem Falle wird das kein Jahres-Stratege und kein lebenslanger Imperator von Gottes Gnaden, sondern vielleicht ein »dritter Konsul«, als wel-chen wir uns Brutus zunächst selbst vorstellen. Ein solches Amt kann nicht jährlich wechseln, auch ist eine Volkswahl gefährlich, weil eine plebiszitäre Diktatur zu befürchten wäre. Brutus wird somit diese Wahl den beiden Kammern übertragen haben. Daß der Staat einen personalen Mittelpunkt brauchte, wird aus Ciceros Schrift »De Re Publica« deutlich. In »De Legibus« (III 9f.) erinnerte Cicero an den *Magister Populi* als Notstandsdiktator und konzipierte im Zusam-menhang mit der von ihm vorgeschlagenen Dauercensur einen fe-sten Verwaltungsstab (Lehmann 1980).

Geben wir einem solcherart verfaßten Staat noch eine Chance, so sind weitreichende Konsequenzen denkbar. Vielleicht hätte sich das republikanische Prinzip im westlichen Mittelmeerbereich behaup-tet. Ohne Kaisertum würde dann nicht nur die römisch-byzantini-sche, sondern auch die mittelalterliche Geschichte ein anderes Ge-sicht zeigen. Die germanischen Stämme zur Zeit des Tacitus waren ja überwiegend aristokratisch verfaßt, und die spätere Ausbildung der Monarchie lehnt sich an das römische Vorbild an. Dies wirkt bis zu Ludwig XIV. und Napoleon. Entfiele das, so stünde die Vereh-rung für die Heroen der römischen Republik, wie sie sich im italieni-schen Humanismus und in der amerikanischen und französischen Revolution zeigt, in einer lebendigen Tradition. Die Volksherrschaft hätte sich nicht aus einer antikisierenden Nebenströmung des politi-schen Denkens im 18. Jh. neu entwickeln müssen, sondern wäre die selbstverständliche Staatsform gewesen.

So gewiß eine solche Alternative grundsätzlich unter die ausge-bliebenen Möglichkeiten der europäischen Geschichte zu zählen ist, so wenig läßt sich davon absehen, daß der Übergang der römischen

Republik zur Monarchie ein hoch determinierter Prozeß war. Schon der ältere Scipio ließ in Spanien Silbermünzen mit seinem Bilde prägen (Charles-Picard 1967, 241) und verbrachte seinen Lebensabend in der Verbannung in Campanien, weil die republikanische Gleichheit innerhalb der Aristokratie Roms derart erfolgreiche und entsprechend populäre Verteidiger nicht vertrug. Die Versuche der senatorischen Selbstdisziplinierung durch Handelsverbot, Aufwandsbeschränkung und Sittenaufsicht blieben ohne Erfolg. Die Kontrollmechanismen von Annuität und Kollegialität, Vetorecht und Kumulationsverbot griffen nicht mehr. Es wurde zunehmend schwierig, die in Feldzügen errungenen Vorrangstellungen einzelner Imperatoren auf das Durchschnittsmaß senatorischen Einflusses zurückzustutzen, und in der Folge der äußeren und inneren Kriege von Marius über Sulla zu Caesar zeigte sich die Ohnmacht des Senates gegenüber den siegreichen Feldherren. Unklar war nur, wer die Monarchie begründen und wie sie aussehen würde. Hätte Pompeius 48 v.Chr. bei Pharsalos gesiegt, meinte Appian (XIV 69), so hätte er an Stelle Caesars eine Monarchie errichtet.

Wenn durch einen Sieg des Brutus bei Philippi Marcus Antonius und der Osten dauerhaft gebändigt worden wären, hätte Brutus wider Willen in die Rolle des Augustus hineinwachsen können. Auch der wollte ja nur *restitutor rei publicae* sein. Vermutlich hätte sich Brutus noch ein wenig republikanischer gebärdet, aber immerhin hat auch er als *imperator* im Osten bereits autokratisch geschaltet und nach dem Muster hellenistischer Könige Goldmünzen mit seinem Bilde prägen lassen. Das war kein republikanischer Stil. Spätestens sein Enkel hätte dann den Nero spielen können.

Eine Republik, die einen Retter benötigt, findet leicht einen Herrn. Alle vorindustriellen Flächenstaaten wurden zentral regiert, darum besiegelt das Ende der römischen Republik bloß das Ende einer Anomalie. Ein Sieg der Republikaner bei Philippi hätte die Republik ebensowenig gerettet wie das Attentat auf Caesar sie erhalten konnte. Dies besagt ein (verbesserter) Goethevers:

> Und wenn man auch den Tyrannen ersticht,
> ist immer noch viel zu verlieren.
> Sie gönnten Cäsarn das (Römer-)Reich nicht
> und wußten es nicht zu regieren.

4.05

Was wäre geschehen, wenn die Römer im Teutoburger Walde 9 n.Chr. gesiegt und die Elbgrenze gehalten hätten?

Velleius Paterculus (II 117,4) schildert, wie sich in den Jahren zuvor bereits das Leben einer römischen Provinz zu entwickeln begonnen hatte, und Florus (II 30, 27) fügt hinzu: »Endlich war auch in Germanien Frieden, die Menschen änderten sich, das Land gewann ein neues Gesicht, und selbst das Klima schien milder werden zu wollen«. Diesen Prozeß beendete Arminius. Sein Erfolg hing an einem seidenen Faden, da er die Verschwörung organisierte, während er sich im Lager des Quintilius Varus befand, desen Tischgast er war. Erst wenige Tage vor dem Überfall entfernte er sich unbemerkt von der Truppe. Die Schlacht bei Kalkriese kostete Rom 20.000 Soldaten, angeblich den besten Teil seines Heeres (Wells 1972, 239). Augustus hat, römischen Gepflogenheiten zum Trotz, nicht versucht, die Scharte auszuwetzen. Er empfahl seinem Nachfolger, sich mit den Flußgrenzen Rhein, Donau und Euphrat zu begnügen (Tacitus ann. II 4). Tiberius hat nochmals einem halbherzigen Rachezug zugestimmt, aber die Verluste, die Germanicus 15 und 16 n.Chr. erlitt, großenteils wieder durch Arminius, empfahlen den Römern, das Experiment abzubrechen. Es wurde nie wiederholt.

Bereits die Zeitgenossen haben diesen Vorgang unterschiedlich gewertet. Der ältere Plinius (NH. XVI 4) bemerkte: Manche Völker bestrafe das Schicksal, indem es ihnen den Segen der römischen Herrschaft vorenthalte. Tacitus (ann. II 88) hingegen hatte Verständnis für den germanischen Standpunkt, wenn er im Anschluß an das tragische Ende des Cheruskers durch die Hand der Seinen diesen als *liberator haud dubie Germaniae* bezeichnete.

Seit Ulrich von Hutten und den übrigen deutschen Humanisten gilt Arminius den germanischen Völkern als der Befreier vom römischen Joch, ohne den sie unter Roms Herrschaft geraten wären. Auch Mommsen teilte diese Ansicht. Zwar war ihm die Varusschlacht ein »politisches Rätsel«, doch bleibt sie ihm »Wendepunkt der Völkergeschichte« (RG. V 50ff.). Mommsen tadelt sowohl die Germanen, daß sie sich nicht anschließend zu gemeinsamem Handeln gegen Rom aufraffen konnten, als auch die Römer, weil sie ihre Eroberungspolitik nicht mit vollem Einsatz zuendegeführt haben. Auf germanischer Seite ist dafür mangelnder Weitblick zu vermuten. Ein solches

Gemeinschaftsunternehmen überstieg ihre organisatorischen Fähigkeiten.

Bei den Römern überwogen wohl realpolitische Bedenken. Germanien zu halten, wäre teuer und schwierig gewesen. Nicht einmal Britannien haben sie ganz erobert, weil die Steuereinnahmen schon des fruchtbareren Teils die Besatzungskosten nicht deckten. Geradezu unmöglich war allerdings weder die Gewinnung Britanniens noch die Germaniens. Dem Verlust von drei Legionen stehen jene 75 Legionen gegenüber, die Rom nach dem Sieg über Sextus Pompeius einmal aufbringen konnte (Wells 1972, 244). Um die Kapazitäten für die Angliederung Germaniens zu gewinnen, müßten wir die maßlosen Blutopfer der Bürgerkriegszeit tilgen. Viel wäre den Römern erspart geblieben, wenn Caesar nicht ermordet worden wäre und die Monarchie mit ihm, und nicht erst mit seinem Erben hätte beginnen können.

Nehmen wir einmal an, es wäre Rom gelungen, Germanien zu halten, so dürfte das Schicksal der Gallier und Illyrier sich an den Germanen wiederholt haben. Sie wären romanisiert worden. In diesem Falle hätte der im 3. und 4. Jh. einsetzende Druck der Ostgermanen wohl nicht ausgereicht, um das Imperium zu stürzen. Die Mannschaftsreserven hätten eine wirksame Verteidigung des Reiches erlaubt. Das Heer des Westens bestand ohnedies im 4. und 5. Jh. überwiegend aus germanischen Söldnern. Als römische Heermeister hielten sie in der Spätantike von Arbogast und Stilicho bis zu Aspar und Rikimer die Geschicke des Reiches in ihrer Hand. Vermutlich wären nach den spanisch-gallischen, den afrikanisch-syrischen und den illyrisch-dalmatischen Kaisern irgendwann auch Germanen auf den römischen Thron gekommen. Germanische Usurpatoren und Nachfolgekandidaten hat es gegeben: Magnentius 350, Silvanus 355, Eucherius 408. Ein unüberwindbarer germanisch-römischer Gegensatz ist trotz der militärischen und religiösen Differenzen nicht anzunehmen, das bestätigen die Annäherungen, die Könige wie Alarich, Athaulf und Theoderich gegenüber der römischen Sache zeigen.

Hätten die Germanen sich integrieren lassen, so sind zwei verschiedene Folgen denkbar. Zum einen hätte die dadurch bewirkte Okzidentalisierung des Reiches die Balance zwischen dem griechischen Osten und dem lateinischen Westen zerstören und das Imperium zerbrechen können, so wie es im 5. Jahrhundert geschah, als die

Grenzen im Westen sich öffneten. Augustus ahnte, daß Rom nicht beliebige Räume organisieren und integrieren konnte, daß der Gewinn Germaniens den Verlust des Ostens heraufbeschworen hätte. Das Kartenbild des frühen Mittelalters vermittelt eine Vorstellung davon.

Zum anderen hätte die Erweiterung auch gelingen können. Wären die Germanen Römer geworden, so hätte sich die *Translatio Imperii* erübrigt und der Übergang ins Mittelalter wäre ohne die Katastrophen der Völkerwanderung vor sich gegangen. Die verschiedenen Erneuerungen des Kaisertums, die zahlreichen Renaissancen und Humanismen der europäischen Geschichte, die Rezeption des römischen Rechts und der periodische Klassizismus – all das waren nachträgliche Versuche, den Untergang Roms ungeschehen zu machen. Sie hätten sich erübrigt. Sofern wir neben dem germanischen Raum auch den Vorderen Orient, den Caesar unterwerfen wollte, dem römischen Reich noch zuschlagen, können wir mit Moses Finley (1973/ 79, 176) folgern: *there is no obvious reason, why Europe, western Asia and northern Africa should not still, today, be ruled by Roman Emperors.*

Eine ganz andere Frage ist, wie wünschbar dies gewesen wäre. Von ultramontaner Warte aus wird diese Alternative begrüßt. Mussolini (1932, 174) meinte, die römische Schule hätte den Germanen nur gut getan. Aber aus ihnen wären niemals Deutsche geworden. Mussolini hätte das wohl verschmerzt, bloß hätte es ebensowenig Italiener gegeben. Denn die europäischen Völker sind dem zerfallenen Imperium entwachsen. Ohne Goten, Langobarden und Normannen wären auch die Italiener nicht, was sie sind. Unter einer fortdauernden Römerherrschaft hätten sich die einzelnen Nationalkulturen schwerlich entfaltet, die schon im Laufe der Kaiserzeit schwindenden Volkssprachen wären vollends untergegangen zugunsten des Vulgärlateinischen im Westen und des Vulgärgriechischen im Osten. Eine allumfassende Homogenisierung hätte in einen stagnierenden Spätstil geführt, wie wir ihn aus Byzanz kennen, und die Bildung der Völker Europas unterbunden. Die Antike dauerte bis heute. Derartige Konsequenzen machen den Gedanken an ein römisches Europa jedem europäischen Patrioten unerträglich; und die Absage an die Freiheitstat des Arminius bringt kein wackerer Deutscher übers Herz. Er läßt sich den Spott Heinrich Heines (1844) gefallen:

Das ist der Teutoburger Wald,
Den Tacitus beschrieben,
Das ist der klassische Morast,
Wo Varus stecken geblieben.

Hier schlug ihn der Cheruskerfürst,
Der Hermann, der edle Recke;
Die deutsche Nationalität,
Die siegte in diesem Drecke.

Wenn Hermann nicht die Schlacht gewann
Mit seinen blonden Horden,
So gäb es deutsche Freiheit nicht mehr,
Wir wären römisch geworden.

4.06

Was wäre geschehen, wenn Jesus durch Pontius Pilatus am 7. April 30 begnadigt worden wäre?

Der Gedanke ist abenteuerlich (Demandt 1999, 232ff.), denn durchaus treffend schrieb Max Weber am 25. März 1884 an seinen Bruder Alfred: »Daß heutzutage alles, was wir unter dem Namen ›unsre Kultur‹ zusammenfassen, in erster Linie auf dem Christentum beruht«. Trotzdem liegt jene Eventualität nahe. So wie das Synhedrion Johannes den Täufer und die Essener gewähren ließ, so hätte es auch Jesus nicht vor den Richtstuhl des Statthalters bringen müssen, und noch viel weniger mußte dieser dem Wunsch des Hohen Rates willfahren. Nach allem, was wir über die frühkaiserzeitliche Provinzialverwaltung im allgemeinen und über den Fall Jesu im besonderen wissen (Blinzler 1969), stand es Pontius Pilatus frei, Jesus zu begnadigen oder hinzurichten. »Weißt du nicht, daß ich Macht habe, dich zu kreuzigen, und Macht habe, dich loszugeben?« (Ev. Joh. 19, 10). Pilatus hat in persönlichem Ermessen gehandelt. Das zu bestätigen, ist der Sinn vom Traum der Frau des Pilatus und von der Barabbas-Episode. Es kann durchaus zutreffen, daß Pilatus, wie die Evangelien berichten, wider besseres Wissen urteilte. Pilatus hatte sich, wie wir aus Philon und Josephus wissen, in der Affäre mit den Kaiserschilden und beim Bau der Jerusalemer Wasserleitung Feinde unter den Juden gemacht und sah nun eine Gelegenheit, ihnen einen Gefallen zu tun. Daß er mit Kaiphas zusammenarbeitete, läßt sich aus der gleichzeitigen Absetzung beider durch den Legaten von Antiochia 37 n.Chr. folgern.

Dennoch bestand keine politische Notwendigkeit, daß Jesus gekreuzigt würde. Gemäß den Paulus-Sentenzen (V 21, 1) sollten Propheten (*vaticinatores*), die »angeblich von Gott erfüllt« Unruhe stifteten, ausgepeitscht und ausgewiesen werden. Pilatus konnte es also bei der Geißelung bewenden lassen, er konnte Jesus aus Palästina verbannen, ihn zur Zwangsarbeit in einen Steinbruch Ägyptens deportieren, er konnte ihn zum Verhör nach Rom schicken, so wie das mit anderen jüdischen Unruhestiftern geschehen ist, oder ihn einfach freisprechen.

Es wäre sogar denkbar, daß Pilatus sich von Jesus hätte bekehren lassen. Nach Tertullian (apol. 21, 24) soll Pilatus tatsächlich später Christ geworden sein und Tiberius über die Auferstehung berichtet haben. Der Kaiser hätte daraufhin beim Senat beantragt, Jesus unter die römischen Staatsgötter aufzunehmen, das aber sei an der unsicheren Beweislage gescheitert (apol. 5, 2). Pilatus wird deswegen in der äthiopischen Kirche bis heute als Heiliger verehrt. Sein Gedenktag ist der 25. Juni.

Wäre die Kreuzigung unterblieben, so hätte das zunächst ebensowenig sichtbare Folgen gehabt wie die Kreuzigung solche hatte. Freilich wäre damit eine spätere Hinrichtung noch nicht ausgeschlossen. Die nachweisbare Dauer von Jesu Predigt beträgt nur wenig über zwei Jahre. Es wäre denkbar, daß seine Bewegung bei einer längeren Wirksamkeit eine solche Gewalt gewonnen hätte, daß die Juden ihn gesteinigt hätten, so wie später den Stephanus, oder daß Rom dann doch eingreifen mußte, so daß die Geschichte in den realen Ereignisverlauf zurückgefunden hätte. Die Verzögerung hätte den Konflikt zwischen Juden und Römern beschleunigen können: Obschon sich Jesus nicht als Zelot begriff, sondern ein Reich predigte, das nicht von dieser Welt war, hätten die Aktivisten unter seinen Anhängern: Judas Iskarioth, Simon der Eiferer und die »Söhne des Donners«, wie Jesus die Zebedäiden nannte (Markus 3, 17), sich durchsetzen und einen Aufstand gegen Rom anzetteln können, so daß der jüdische Krieg, der 70 zur Zerstörung des Tempels führte, schon eine Generation vorher ausgebrochen wäre. In jedem Falle wird unsre Spekulation desto unsicherer, je weiter wir uns vom Todesdatum entfernen und je schwerer die Folgerungen sind, die sich daraus ergeben.

Nach dem Zeugnis der Evangelisten hat sich Jesus als das Lamm Gottes begriffen, das gemäß dem Willen des Vaters im Himmel für die Sünden der Welt am Stamm des Kreuzes geschlachtet werden mußte. Hätte Pilatus sich geweigert, dies anzuordnen, so wäre Jesus möglicherweise an seinem Selbstverständnis irre geworden. Die Leidensankündigungen (Matthäus 16, 21ff.) hätten sich als falsche Prophezeiung herausgestellt, und damit hätte Jesus sein Ansehen bei den Jüngern verspielt. André Gide fragte am 19. Juli 1928 in Tunis: »Was hätte Christus getan, wäre er am Leben geblieben?« Vermutlich wäre er verbürgerlicht, hätte Maria Magdalena geheiratet und sein Dasein als friedlicher Zimmermann in Nazareth beschlossen.

Wäre Jesus eines sanften Todes gestorben, müßten wir uns ein kreuzloses Christentum denken. Das ist schwer, denn das seit Paulus manifeste Kernstück der christlichen Lehre, die stellvertretende Erlösung durch Jesu Opfertod, entfiele. Hätte sich Paulus dieserhalb nicht bekehrt oder stünde er aus anderen Gründen für seine Missions- und Organisationstätigkeit nicht zur Verfügung, so wäre eine Ausbreitung des Christentums abermals fraglich. Denn die Zahl der Heiden, die bereit gewesen wären, sich beschneiden zu lassen, um getauft werden zu können, war gewiß nicht allzu groß. Jedenfalls hat die Kreuzigung Jesu das urchristliche Denken so stark geprägt, daß die Tilgung dieses Ereignisses den Schwund der Religion zur Folge hätte. Die Ethik der Bergpredigt und die Naherwartung des Weltendes würden für einen durchschlagenden Missionserfolg kaum ausgereicht haben. Gewiß hätte Jesus die Möglichkeit besessen, selbst noch viele Jahre zu lehren, aber hätte das die Überzeugungskraft seines Opfertodes aufgewogen? Erst der hat Jesus zum Christus gemacht. Ohne Kreuz wäre Jesus nur der Stifter einer weiteren jüdischen Glaubensgemeinde geworden, neben den Pharisäern, Sadduzäern, Therapeuten, Essenern, Qumran-Leuten, Himmelsverehrern usw. Sie alle sind verschwunden. Ob Johannes der Täufer, Judas von Gamala oder Barabbas als Ersatzmessias Aussicht gehabt hätten, ist sehr zweifelhaft. Der »Sohn des Sterns« Bar Kochba 132 n.Chr. und Patricius *rex Iudaeorum* 352 n.Chr. hatten keine.

So gewiß ohne die Tat des Pilatus und ohne die Predigt des Paulus das Christentum nicht zur Weltreligion aufgestiegen wäre, so problematisch ist es, ob dies später noch zu verhindern gewesen wäre. Renouvier (1857/1988) gab Marc Aurel die Chance, die Christen im

Westen zu beseitigen, wo sich der antike Geist noch tausend Jahre behauptet hätte, um dann um Christen aus dem Osten in säkularem Umfeld bereichert zu werden, die nun aber nur eine Religion unter vielen dargestellt hätten. Auch eine lange Regierungszeit Julians verlockt zu solchen Annahmen. Dagegen aber sprechen die Rahmenbedingungen, die dem neuen Glauben förderlich waren.

Indem wir Christus aus der Religionsgeschichte herausdestillieren, behalten wir als *caput mortuum* die außerchristlichen Ingredienzien, die den Erfolg des Christenglaubens begünstigt haben. Ein weit breitetes Erlösungsbedürfnis bei den unteren Schichten, dokumentiert in der Beliebtheit orientalischer Mysterienkulte, das Interesse an einer philosophisch entwicklungsfähigen Religion in den gebildeten Kreisen, bezeugt durch den Neuplatonismus und die Gnosis, der Wunsch nach organisierter Staatsreligion, wie sie die Ptolemäer vorgeführt und die Kaiser nachgemacht haben, all das gab's sowieso. Hier ist durch den Wegfall des Christentums, das alle jene Bedürfnisse zu bündeln und zu stillen verstand, eine Marktlücke bezeichnet, die nun anders hätte geschlossen werden können.

In Frage kommen hierfür die in der Konkurrenz mit dem Christentum unterlegenen Religionen. Sie haben zwar vielfach selbst christliche Elemente aufgenommen, aber diese lassen sich eliminieren, ohne den Bestand jener Bewegungen zu gefährden. Geringe Chancen hätten wohl Religionen gehabt, deren Wurzeln außerhalb des Reiches lagen, weswegen sich nationale Vorurteile gegen sie richteten: Mani und Marcion, Mazdak und Mohammed.

Gute Aussichten besaß hingegen ein gnostisch-neuplatonisch gedeuteter Sonnenkult. Im Nikodemus-Evangelium schwört Pilatus beim Sonnengott, daß er keine Schuld an Jesus finde. Elagabals und Aurelians solarer Reichsgott sowie die Sonnenverehrung Constantins und Julians bestätigen die Chancen dieser Religion. Der solare Mithraskult besaß wie das Christentum heilige Schriften und eine Priesterschaft, hatte, wie die Inschriften zeigen, auch Sklaven – allerdings keine Frauen! – unter seinen Anhängern, lehrte eine eschatologische Kosmologie mit einem Endzeitenheiland, taufte (mit Stierblut) und verhieß die Unsterblichkeit (Merkelbach 1984). Möglicherweise hat Ernest Renan (1882, 579) recht: *On peut dire que, si le christianisme eût été arrêté dans sa croissance par quelque maladie mortelle, le monde eût été mithraiste.*

Hätte der Sonnenglaube gesiegt, so wäre die Verbindung zur antiken Kultur sehr viel enger geblieben. Die innere Distanz der Christen im römischen Reich zum heidnischen Erbe ist doch beträchtlich. Was die Christen an Kulturgütern durch Gewalt oder Nachlässigkeit zerstört haben, wäre erhalten geblieben, und das ist nicht wenig.

Vielleicht hätte sich selbst das Imperium erhalten. Unter Augustus war das Römerreich politisch geeint, aber in Hunderte von Religionen gespalten. Unter Justinian war derselbe Raum flächendeckend christianisiert, aber politisch in Einzelteile zersplittert. War das Zufall? Autoren, die wie Voltaire und Gibbon der Weltflucht und dem Glaubensstreit der Christen eine Mitschuld am Zusammenbruch des Reiches zumessen, erachten bei einem Ausbleiben der Christianisierung sogar ein Überleben des Imperiums für möglich. Das »finstere Mittelalter« entfiele.

Der Übergang der Germanen zum Christentum beruht auf deren Wunsch, sich die höhere Kultur des Südens anzueignen. Daß die Germanen von den Römern das Christentum, nicht aber die Wasserleitungen übernommen haben, war wohl nur eine Frage der Intelligenz. Schon die heidnischen Kulte der Römer übten eine Anziehungskraft auf die Germanen aus. Wenn wir eine Begnadigung Jesu annehmen, dann gelangen wir in ein Mittelalter, dessen Städte nicht um Kirchen und Kathedralen, sondern um Sonnentempel und Kapitole gebaut sind, in denen nicht die Bibel, sondern Homer, Vergil und Edda gelesen werden, in denen es keine Glaubenskämpfe und keine Inquisition gibt, aber auch keine Spitäler und keine Armenfürsorge.

Wenn wir die höchste Wahrscheinlichkeit derjenigen Religion einräumen wollten, die dem Christentum am ähnlichsten war, so müßten wir Marcel Simon zustimmen. Er hat 1948 in seinem Buch »Verus Israel« die These vertreten, ohne das Christentum wäre das Reich, wäre die Welt zum jüdischen Glauben übergegangen. Dafür spricht, daß die jüdische Religion in Ausdehnung begriffen war. Schon 139 v.Chr. wurden Juden aus Rom »nach Hause« geschickt, weil sie, so Valerius Maximus (I 3, 3), die römischen Sitten mit ihrem Glauben infizierten. Die von Horaz (Satiren I 4, 139ff.), Matthäus (23, 15), Josephus (Gegen Apion II 10) und Cassius Dio (LVII 17, 1; 18, 5a) überlieferte Proselytenmacherei war keine systematische Mission im

Sinne des Herrenwortes: »Gehet hin in alle Welt und lehret alle Völker!« Dennoch verbreitete sich der mosaische Glaube inner- wie außerhalb des Imperiums: Griechen drängten sich zu den jüdischen Gottesdiensten, gewiß nicht allein, wie Josephus (Bellum VII 3, 3) schreibt, in Antiochia. Im 1. Jahrhundert traten die Könige von Adiabene im oberen Mesopotamien zum Judentum über, unter den Arabern im Jemen gewann es Anhänger, ebenso unter den türkischen Chasaren in Südrußland. Daher steht außer Frage, daß die jüdische Religion beträchtliche Anziehungskraft besaß und die Juden sich nicht mehr ausschließlich als Abstammungsgemeinschaft vom Erzvater Jakob verstanden.

Einer völligen Öffnung steht freilich entgegen, daß die Juden damit den Anspruch auf ihren Charakter als auserwähltes Volk unter den Völkern, ja als Volk überhaupt hätten aufgeben müssen. Zur Weltreligion im Römerreich geworden, wären die Juden als Nation verschwunden wie Salz im Wasser. Wären sie zu einem solch weitgehend veränderten Selbstverständnis bereit gewesen? Um des Erfolges willen hätten die Speisetabus und das Beschneidungsgebot aufgegeben werden müssen. Diese Sonderheiten haben die Mission erschwert, zumindest in der griechisch-römischen Welt. Chancen hätte nur ein liberales Judentum gehabt, vertreten etwa durch die sogenannten Gottesfürchtigen, in der Apostelgeschichte *phoboumenoi* oder *sebomenoi* genannt, die als »Proselyten des Tores« den mosaischen Glauben, nicht aber die Rituale annahmen. Aber wurzelt die Kraft dieser Religion nicht gerade in dem periodisch aufkeimenden Fundamentalismus? Er sah in den Liberalisierungstendenzen stets eine Verwässerung des Glaubens, die zu dessen Verdunstung führen würde. Schließlich hätte das Judentum, wenn schon keinen historischen Messias, dann doch einen Organisator der Mission benötigt, einen unbekehrten Paulus, hat doch der bekehrte das Judentum in die attraktive, eben christliche Form gebracht, in der es die Welt eroberte. Voltaire meinte, die Christen seien ohnehin bloß unbeschnittene Juden.

Ein unbeschrittener Weg des Judentums zur Weltreligion ist aufzeigbar. Nehmen wir an, Antonius Primus, der für Vespasian dessen Vorgänger und Konkurrenten auf dem Thron Vitellius 69 n.Chr. bei Bedriacum besiegt hat, wäre unterlegen und Vespasian selber wäre im Kampf mit Vitellius oder vor Jerusalem umgekommen, dann hätte schon damals sein Sohn Titus das Kaisertum beansprucht. Um sich gegen Vitellius durchzusetzen, hätte er die Legionen aus Palästina benötigt. Zu diesem Zweck hätte er mit den Aufständischen in Jerusalem einen Frieden geschlossen und ihnen im Rahmen eines theokratischen Stadtstaates Autonomie gewährt. Der Tempel wäre erhalten geblieben. Titus hatte sein Herz an Berenike, die Schwester von Agrippa II. und Urenkelin von Herodes dem Großen verloren, wie wir von Tacitus (Historien II 81) wissen. Schon Neros Frau Poppaea Sabina hatte mit dem Judentum sympathisiert, zuvor die Senatorengattin Fulvia. Im Jahre 75 kam Berenike, die »Kleopatra im Kleinen« (Mommsen), nach Rom und wohnte bei Titus, doch hielt dieser sein Eheversprechen nicht (Sueton, Titus 7). Die Bindung löste sich. Doch wäre sie erhalten geblieben, hätte die Jüdin den Kaiser vielleicht bekehrt, und Titus wäre der Constantin des Judentums geworden. Die damals verbreitete Erwartung eines Messias aus dem Osten, die Josephus (Bellum VI 5, 4), Sueton (Vespasian 4) und Tacitus (Historien V 13) bezeugen, hätte sich statt in Vespasian in seinem Sohn glänzend bestätigt. Flavius Clemens, ein Vetter von Titus und Domitian, wurde, wie Cassius Dio (LXVII 14, 1) berichtet, 95 n.Chr. in seinem Konsulat wegen Gottlosigkeit hingerichtet. Er sympathisierte offenbar mit dem Judentum und »mit ihm wurden viele andere bestraft«. Daß Dio hier, wie schon die Kirchenväter glaubten, in Wirklichkeit Christen meine, ist unerweislich.

Hätte das Judentum anstelle des Christentums die Rolle als Weltreligion übernommen, dann hätte es auch keinen Antisemitismus im heutigen Sinne gegeben. Der Vorwurf seitens der Christen, die Juden hätten Jesus ans Kreuz gebracht, die Anklage wegen Gottesmord, war die stärkste Triebfeder der Judenverfolgungen im Laufe der Geschichte, und sie wäre bereits gegenstandslos gewesen, wenn sich Pilatus dem Sanhedrin widersetzt und Jesus geschont hätte. Gewiß ist die Judenfeindschaft älter als das Christentum, sie unterscheidet sich von der Feindschaft unter anderen Völkern so, wie sich die Juden von diesen (und umgekehrt) unterscheiden. Diese nichtchristliche Aversion gegen die Juden, in der Antike im wesentlichen bei Griechen und Arabern zu beobachten, hätte auch beim Erfolg des Sonnenkultes oder beim Fortbestand des Polytheismus angedauert, nicht aber, wenn das Judentum von der National- zur Universalreligion aufgestiegen wäre. Der ethnisch gefärbte Judenhaß konnte sich nur dort entfalten, wo eine Rivalität bestand, und nur dort austoben, wo die Juden eine Minderheit bildeten.

Eine ganz andere Frage ist die, ob nicht das Christentum aus strukturbedingten, gewissermaßen identitätsstrategischen Gründen das Judentum als Erzfeind und Gegenbild benötigt hat, so daß wir, wenn die Weltrolle an das Judentum gefallen wäre, auch diesem einen Antipoden zuweisen müßten. Als Juden der Juden stünden zwei Völker zur Auswahl: die soeben genannten Griechen und die Araber. Der heutige Umgang der Israelis mit den Palästinensern läßt daran denken. Im letzteren Falle hätte es bei einem siegreichen Judentum doch einen Antisemitismus gegeben, allerdings in anderem Sinne.

Pontius Pilatus steht nicht umsonst im Credo. Hätte er geahnt, daß der Name jenes Judenkönigs dreihundert Jahre später auf den Standarten der Legionen stehen sollte, daß dessen Anhänger die Macht im Reiche übernehmen und die Juppiter-Tempel in Abstellräume verwandeln würden, dann hätte Pilatus diesen Jesus bestimmt laufen lassen. Hätte er ihn begnadigt, so wäre alles völlig anders, vielleicht ähnlich wie beschrieben verlaufen. Das in diesem Falle besonders krasse Mißverhältnis zwischen kleiner Ursache und großer Wirkung wird vom gläubigen Betrachter kompensiert durch einen Wechsel des Blickpunktes: der historische Zufall wird als göttliche Fügung verstanden und damit nachträglich erhöht in den Rang, den die Würde der Wirkung erfordert. Für den Historiker ist der bewußte, freiwillige Opfertod Jesu die nachträgliche Fehldeutung eines folgenreichen Justizmordes. Die christliche Kultur beruht auf diesem doppelten Irrtum und beweist damit die menschliche Schwäche, deren Überwindung der Zweck des Glaubens ist.

4.07

Was wäre geschehen, wenn die Araber 718 Konstantinopel erobert und 732 Karl Martell bei Poitiers geschlagen hätten?

Können wir annehmen, daß sie im Osten dann den Avaren erlegen wären und im Westen mit den Kirchenschätzen des heiligen Martin von Tours beladen freiwillig zurückgekehrt wären, wie Pirenne (1935/41, 327) meinte? Obschon die inneren Probleme der Araber in Spanien ein weiteres Ausgreifen erschwert haben und eine Islamisierung Galliens an den äußersten Rand des gerade noch Möglichen rücken (Lévi-Provençal 1950, 59ff.), hegt die Forschung im allgemeinen tiefe Besorgnisse. Das byzantinische Reich, so meinte Dannenbauer (1962, 190), wäre zerfallen, Italien abgeriegelt worden und wie die Hagia Sophia so auch die Peterskirche zu Rom in eine Moschee verwandelt worden. Der Papst wäre vielleicht nach Irland geflohen. Die Emirate von Bari und Tarent wären keine Episoden geblieben. Wäre Karl, der dann eher der »Amboß« als der »Hammer« hieße, an der Stelle von Abd er Rahman gefallen, so wären die Aussichten der weiteren fränkischen Geschichte in der Tat ungünstig. Die Araber waren mit Weib und Kind gekommen, um das Emirat Frankistan zu gründen. Das durch Teilungen und Grenzkämpfe bedrohte Merowingerreich konnte ja nicht einmal nach dem Siege von 732 die Araber aus Gallien vertreiben. Ihre Raubzüge führten rhôneaufwärts bis Autun, Sens und Langres. Arabische Siege von 718 und 732 hätten das Mittelmeer wieder vereint und eine Expansion des Kalifenreiches bis an den Rhein denkbar gemacht.

Gibbon (ch. 52) folgerte daher, daß bei einem Sieg der Araber Westeuropa dem Islam verfallen wäre. Man interpretierte dann heute statt der Bibel den Koran in Oxford. Ranke (1854/1917, 46), Cartellieri (1927, 117ff.) und Toynbee (1946/50, 123f.) sahen das ähnlich. Ob zugleich, wie Gibbon glaubte, die bürgerliche und religiöse Freiheit damit auf alle Zeiten abgewürgt worden wäre, ist zweifelhaft. Denn auch eine optimistische Alternative ist möglich.

Der islamischen Welt wäre die westeuropäische Intelligenz zugute gekommen, und anstelle des jahrhundertelangen Gegeneinanders wäre ein Miteinander denkbar. Welches Potential an Modernität eine solche Verbindung barg, lehrt ein halbes Jahrtausend später der Stauferkaiser Friedrich II. *stupor mundi et immutator mirabilis*. Arabische Autoren sahen in ihm einen zweiten Alexander. Der Kadi Djemal ed-Din ibn Ouacel, als Gesandter im »langen Lande« (Italien) bewunderte Feredric el- Enberetour wegen seiner Talente und seiner Kenntnisse in der Philosophie, der Logik und der Medizin. Einen solchen Mann konnte der Papst (der »Kalif der Franken«) nur deswegen exkommuniziert haben, weil er heimlich zum Islam übergetreten sei – so überliefert Abulfeda (Recueil I 104; 170).

Eine frühe Berührung mit dem Islam wäre dem Abendland heilsam gewesen. Die arabische Kultur war der fränkischen damals überlegen. Wie Syrien und Ägypten, so waren auch Sizilien und Spanien hochentwickelte Länder. Das Städtewesen blühte, die praktischen Wissenschaften waren weit fortgeschritten, die Pflege der antiken Texte läßt eine Vorwegnahme des Humanismus erahnen. Trotz der im Islam wie im Christentum verankerten Tradition des Heiligen Krieges fordert der Koran religiöse Toleranz: In der 5. Sure (Vers 48/53) heißt es: »Hätte Gott es gefallen, so hätte er euch zu einer einzigen Gemeinde gemacht ... Wetteifert im Guten! Zu Gott werdet ihr heimkehren, und er wird euch aufklären über das, worin ihr uneinig seid.«

Selbst eine Aufklärung auf islamischer Grundlage wird man nicht ausschließen, denn sie hat sich im christlichen Europa ja wesentlich *gegen* die Kirche durchgesetzt. Eine islamische »Kirche« aber gibt es nicht, hier fehlt der Priesterstand. Darum kennt der Islam auch keine Inquisition. In jedem Falle wäre dem Mittelalter der Konflikt zwischen Kaiser und Papst und der Glaubenskrieg zwischen Christen und Moslems, zwischen Katholiken und Protestanten erspart geblieben. Das Christentum hätte als *religio licita* unter dem Islam fortbestanden, so wie in Spanien geschehen, das Latein wäre durch das Arabische als Hochsprache ersetzt worden und wir schrieben heute von rechts nach links.

4.08

Was wäre geschehen, wenn dem Kaiser Heinrich VI. der frühe Tod im Jahre 1197 erspart geblieben wäre und er sein Werk gefestigt seinem Sohn Friedrich II. übergeben hätte?

An diese Alternative knüpft sich die Vorstellung eines dauerhaften Kaisertums, das Deutschlands Einheit gewahrt und die christliche Völkerfamilie als Schutzmacht überragt hätte. Ein Traum für Deutsche, ein Trauma für Nichtdeutsche. Bereits Barbarossas Absicht war es, *ut Romani imperii celsitudo in pristinum suae excellentiae robur reformetur.* Er hat die deutschen Fürsten und das Papsttum bezwungen, die Toskana gewonnen und seinem Sohne das normannische Erbe in Sizilien und Unteritalien gesichert. Heinrich hat dann die Erblichkeit der Königswürde im Stauferhause betrieben und den Plan einer Säkularisierung des Kirchenstaates gefaßt. Sein Vorrang wurde von den englischen und französischen Königen anerkannt, die Almohaden in Nordafrika zahlten einen Jahrestribut, und die Herrscher von Klein-Armenien und Cypern ließen sich von ihm krönen. Die Vorbereitungen zum Kreuzzug waren weit gediehen. Die Wirren nach dem Tode Saladins im Jahre 1193 ließen einen Erwerb des Heiligen Landes möglich erscheinen Darüber hinaus plante Heinrich, die orthodoxe Kirche wieder mit der katholischen zu vereinigen und nach der Absetzung von Alexios III. im Jahre 1195 das griechische Kaiserreich zu erobern, wie es 1204 dann wirklich geschehen ist. In Konstantinopel wurde bereits ein Alemannikon, eine Deutschensteuer, für den künftigen Herrscher Heinrich ausgeschrieben.

Der Kaiser starb, wie Alexander d.Gr., im 33. Lebensjahr. Sein Tod wird von der deutschnationalen Historiographie als die »furchtbarste Katastrophe der mittelalterlichen Geschichte Deutschlands« empfunden (Hampe 1929, 195). Die Meinung, »daß die Dinge ganz anders hätten laufen können«, teilt Johannes Haller (1928, 72ff.). Auch ihm scheint jener Unglücksfall eine politische Kinderkrankheit, ein unnötiger Unfall auf dem Wege zum Großstaat, zum *Imperium Teutonicum*. Dennoch hat er die auseinanderstrebenden Kräfte nicht unterschätzt: den Haß gegen die deutschen Barbaren unter den nationalbewußten Italienern, die Autorität des Papstes und des hohen Klerus, allem voran die nachvollziehbaren Eigeninteressen der deutschen Fürsten, die lieber ihre Landeshoheit ausbauen als sich auf Abenteuer fern der Heimat einlassen wollten. Diese Tendenzen gewannen in der Doppelwahl von 1198 und der nachfolgenden Auflösung des Kaiserreiches die Oberhand. Die Uneinigkeit der Deutschen mag man mit Haller als letztschuldigen »Nationalfehler« betrachten, aber die Entrüstung über ihn ändert nichts an seiner historischen Wirksamkeit. Schließlich verdankt Deutschland der Kleinstaaterei seine kulturelle Vielfalt. Was wäre aus Nürnberg und Dresden, aus München, Weimar und Würzburg geworden, wenn sich alle Macht am Hofe zu Aachen, Wien oder Berlin konzentriert hätte? Europa benötigt kein zweites Paris.

4.09

Was wäre geschehen, wenn der deutsche Bauernkrieg 1525 zu einem Erfolg geführt hätte?

Diese »größte politisch-soziale Massenbewegung der deutschen Geschichte« (W.P. Fuchs 1955, 56) verfocht eine Reihe von Zielen, die später, teilweise sehr viel später, verwirklicht worden sind: Auf-

hebung der kirchlichen Grundherrschaft, der Binnenzölle, der Fron-
dienste, der Standesunterschiede und der Leibeigenschaft, kommu-
nale Nutzung des Waldes, Sicherung der Familie beim Tod des Man-
nes, Vereinheitlichung von Münze, Maß und Gewicht usw.

Die Autorität des römischen Kaisers blieb unangetastet, als politische Gegner der Bauern erschienen die Landesherren. Die *omnium
rerum vicissitudo* sollte eine reichsweite Gerichtsreform und ein Par-
lament bringen, das die fränkischen Bauern schon in Heilbronn ein-
richteten. Zu diesen freiheitlichen Reformplänen hat die Schweizeri-
sche Eidgenossenschaft das Beispiel gegeben. Der Wunsch nach einer Reichsreform, nach einem Nationalkonzil war, schon wegen der
evangelischen Sache, in Aller Munde. Ranke (1847/1957, 303ff.)
schreibt von »unabsehbaren Möglichkeiten einer neuen Gestaltung
der Dinge«, von »Ideen einer Umwälzung von Grund aus, wie sie
erst in der französischen Revolution wieder zum Vorschein gekommen sind«. Mußten sie scheitern? Ranke verneint es: »Ohne Aussicht waren sie nicht.«

Der Streit darüber, welche Aussichten die »politische Revolution
des deutschen Bauernstandes« (G. Franz) hatte, geht hin und her
(Burg 1983; Winterhager 1981). Die Sympathisanten, großenteils im
nationalistischen und sozialistischen Lager beheimatet, rechnen mit
nennenswerten Chancen, während die bürgerlich-liberale Historiographie eher skeptisch urteilt. Fruchtbarer als diese Grundsatzkon-
troverse ist die Aufzählung jener Bedingungen, die auf Seiten der
Bauern hätten erfüllt sein müssen, um einen Erfolg zu sichern. Hierzu gehört eine überlegene Führung, eine sorgfältige Organisation und
eine Mäßigung im Auftreten. Wäre die Zustimmung bei der Reichs-
ritterschaft, bei den Städten und beim niederen Klerus größer gewesen und hätten sich Luther und die anderen Reformatoren mit der
Bauernbewegung verbunden, so war ein Erfolg denkbar.

Wer diese Voraussetzungen einbringt, dem geht es wie Moses auf
dem Berg Nebo. Er sieht mit Wilhelm Zimmermann (1841) weitreichende Möglichkeiten, allen voran die politische und religiöse Einigung Deutschlands auf genossenschaftlich-demokratischer Grundlage. Der Umweg über den Territorialstaat und den Absolutismus
wäre vielleicht unnötig geworden, die Glaubenskriege hätten sich
erübrigt, das Eingreifen der europäischen Randmächte in die inner-
deutschen Angelegenheiten wäre unmöglich geworden, die Emanzi-

pation des Bürgertums hätte sich beschleunigt. So wird es begreiflich, wenn Günther Franz sein Werk mit einem Ausspruch Alexanders von Humboldt von 1843 zu Julius Fröbel (I, 1890, 133) abschließt: »Der große Fehler in der deutschen Geschichte ist, daß die Bewegung des Bauernkrieges nicht durchgedrungen ist«. Humboldt prophezeite den späten Erfolg des Bauernkrieges: »Sie werden es erleben!« Hätten die Bauern reüssiert, dann wäre allerdings auch die außenpolitische Konstellation des Ersten Weltkrieges sehr viel früher möglich geworden. In jedem Falle wäre es um den wunderschönen deutschen Wald geschehen gewesen. Er verdankt sein Überleben den fürstlichen Jagdprivilegien. Die Französische Revolution hat mit ihnen den Französischen Wald beseitigt.

4.10

Was wäre geschehen, wenn 1588 die Armada in England gelandet wäre?

Seit der Erschließung der Weltmeere bahnte sich ein Konflikt zwischen England und Spanien an. Spanien war zunächst im Vorteil. Seine Herrschaft zur See war nahezu erreicht, und die Hegemonie über Westeuropa schien bevorzustehen. 1580 hatte Philipp II. Portugal gewonnen, 1584 war Wilhelm von Oranien ermordet worden, 1585 fiel Antwerpen, das englische Entsatzheer blieb ohne Erfolge. »Antwerpen ist die auf Englands Herz gerichtete Pistole«, sagt Napoleon, darum waren und sind die Briten stets an einer wenigstens indirekten Kontrolle von Schelde- und Rheinmündung interessiert. Philipp intervenierte in Frankreich im Bund mit den Guisen zugunsten seiner Tochter Clara Eugenie und beantwortete die Hinrichtung von Maria Stuart 1587 mit dem Krieg gegen Elisabeth, um deren Hand er dreißig Jahre zuvor vergeblich geworben hatte.

Die Armada wurde während einer Windstille durch einen englischen Branderangriff abgewehrt und später durch einen Sturm in der Nordsee zerstört. *Adflavit Deus et dissipati sunt,* heißt es auf der von Elisabeth geprägten Gedenkmedaille. Die Naturgewalten vollziehen den Willen Gottes, so dachte man damals. Sie bringen ein Zufallsmoment ins Spiel, das darum auch anders hätte ausgehen können, so denken wir heute. Das Urteil Fullers (II 1955, 38) *the Armada was doomed from the start,* widerspricht der Ansicht der Zeitgenossen. Die Landung war in Kent geplant, wo zuvor auch

Römer, Sachsen, Dänen und Normannen die Insel betreten hatten. Zwei der acht englischen Feuerschiffe wurden von den Spaniern unschädlich gemacht. Wäre es dem Herzog von Parma gelungen, seine Truppen auszuschiffen, so wären weitere Erfolge schwerlich ausgeblieben. Er besaß die *best soldyers at this day in Christendom,* wie Sir Roger Williams schrieb. Eine erste Folge wäre wohl gewesen, daß Elisabeth ihre Expeditionsarmee aus den Niederlanden zurückgerufen und damit den Freiheitskampf der Geusen entscheidend geschwächt hätte.

Papst Sixtus V., zuvor Inquisitor von Venedig, hatte dem König Philipp 1587 England geschenkt und Irland zu Lehen gegeben. Wäre den Spaniern die geplante Eroberung Londons gelungen, so hätten sich möglicherweise die Gegner der Tudors in Schottland, Wales und Irland erhoben und eine Rekatholisierung Englands ermöglicht. Der Großinquisitor befand sich auf der Flotte. An ein *British Empire* wäre nicht mehr zu denken. Geoffrey Parker (1967) hat als immerhin denkbare Weiterungen einen Sieg der Gegenreformation in Deutschland und eine spanische Vorherrschaft über Nordamerika in Betracht gezogen.

Einen ähnlichen Gedanken verfolgte Bertrand Russell 1934 (Gardiner 1959, 294). Der Bruch Heinrichs VIII. mit dem Papst wurde ausgelöst durch die Liebe des Königs zu Anne Boleyn, die auf Scheidung bestand. Ohne diese Liebschaft wäre England vermutlich katholisch geblieben, hätte die vom Papst legitimierte Aufteilung der Neuen Welt durch Spanien und Portugal in Tordesillas 1494 anerkannt, so daß die Vereinigten Staaten nicht entstanden, sondern Nordamerika ein Teil von *Spanish America* geblieben wäre. Die Latinos ersetzten die WASPs.

So gewiß ein solcher Fortgang denkbar ist, so gewiß bleibt die Wahrscheinlichkeit einer katholischen Universalmonarchie mit dem Zentrum Spanien doch gering. Die Gegenkräfte waren stärker als die Liebeslaune eines Königs oder die Winde im Ärmelkanal. Wollen wir uns eine spanische Zukunft eines atlantischen Imperiums vorstellen, dann bedarf es weiterer stützender Umstände. Dann müssen wir zurückgreifen auf die politische Vision, die Schiller 1787 Roderich von Posa in den Mund gelegt hat. Der Herzog von Alba, des Fanatismus rauher Henkersknecht, wird entlassen, König Philipp gewährt Gedankenfreiheit und stellt der Menschheit verlorenen Adel wieder her. Don Carlos wird der verständnisvolle Regent des unterdrückten Heldenvolkes und läßt Menschenglück aus seinem Füllhorn strömen.

Wilhelmus von Nassauen hat den Ausgleich mit Philipp lange gesucht, und es wäre wohl zu zeigen, wie er hätte gefunden werden können. Der Widerstand der Niederlande richtete sich vor allem gegen den Zentralismus, ob der von Burgund, von Habsburg oder von Spanien ausging. Die Bürgerkriege schon nach dem Tode Karls des Kühnen lassen den Protestantismus als eher sekundäres Moment erscheinen. Ein Ordnungsmodell bot das Deutsche Reich, das Länder und Städte verschiedenen Glaubens in lockerer Form vereinigte. Philipp II. hat diese Chancen verschmäht, den Konflikt in Kauf genommen und verloren. Schiller erblickte 1786 im Untergang der »unüberwindlichen Flotte« die Rettung der letzten »Tyrannenwehre«, der Freiheit und der Menschenwürde.

4.11

Was wäre geschehen, wenn Friedrich d.Gr. 1740 bei Mollwitz gefallen wäre?

Ein Tod des Königs in der ersten Schlacht des Ersten Schlesischen Krieges hätte die Großmachtpläne Preußens empfindlicher getroffen als ein späteres Ausscheiden Friedrichs. Dreimal war er in Lebensgefahr. An der Grenze zwischen Schlesien und Glatz verfehlte ihn ein österreichisches Husarenkommando. In Jägerndorf hätte, wie Friedrich in der »Histoire de mon temps« selbstkritisch anmerkt, Graf Neipperg ihn leicht überrumpeln können. Und die Schlacht bei Mollwitz selbst erlebte eine derart bedenkliche Phase, daß der König auf Anraten Schwerins die Walstatt verließ. Er ritt nach Oppeln, wurde am Stadttor aber nicht, wie erwartet, von Preußen, sondern von Österreichern empfangen und entging ihren Kugeln nur durch die Schnelligkeit seines Pferdes.

Wäre er damals gefallen, so hätte Schlesien kaum gehalten werden können. Unter August Wilhelm wäre Preußen Mittelmacht geblieben, der preußisch-österreichische Dualismus wäre entfallen, die deutsche Einheitsbewegung hätte weder auf die Vormacht Preußens, noch auf den Mythos vom Alten Fritzen bauen können. »Der einzige feste Punkt in Deutschland ist aber der Staat Friedrichs des Großen und die preußische Armee«. Dieses um 1833 gesprochene Wort seines Vaters nannte Werner von Siemens eine »große Wahrheit«, und so dachten damals viele, die auf die deutsche Einheit hofften (Weizsäcker 1983, 56). Habsburg hätte angesichts seiner Bindung an Ungarn und den Balkan und infolge des katholisch-protestantischen Gegensatzes die Einigung Deutschlands kaum durchführen können. Ohne diese hätte es keine Weltkriege gegeben, und mit ihnen wären uns auch deren Folgen erspart geblieben. Vermutlich aber wäre Bayern an der Stelle von Preußen zur einigenden Macht und München Hauptstadt geworden. Hätte indessen Wien dennoch die Rolle der Vormacht übernommen, so hätte sich aus der deutschen Minderheit im Habsburgerreich eine Mehrheit gebildet, die dessen Zusammenhalt denkbar erscheinen ließ.

Andererseits hätte eine Fortdauer der Kleinstaaterei Deutschland schon im 18. Jh. zum Interessengebiet der Randmächte machen können. Rußland hätte das 1758 besetzte Ostpreußen behalten und vermutlich ganz Polen und Westpreußen hinzugewonnen; Schweden hätte Vorpommern, Dänemark hätte Holstein und England hätte Hannover beherrscht; das Rheinland und Süddeutschland wäre unter französischen Einfluß geraten. Brandenburg, Sachsen und Bayern hätten als kleindeutsche Pufferstaaten zwischen Ost und West fungiert.

Auch die internationale Mächtekonstellation hat sich durch Friedrichs Kriege verschoben. Rußland wurde durch sie in die europäische Politik hereingezogen, es gehörte fortan – neben Österreich, Frankreich, England und Preußen – zur Pentarchie und gewann in Europa Einfluß, der bis Glasnost gewachsen ist. Die während des Siebenjährigen Krieges durch Friedrich in Deutschland gebundenen französischen Streitkräfte fehlten Frankreich unterdessen in Übersee, so daß Lord Clive Indien und James Wolfe Kanada erobern konnte. William Pitt der Ältere meinte drum am 13. November 1761: *America has been conquered in Germany.* Insofern hat Friedrich d.Gr. unwillentlich Geburtshilfe geleistet sowohl für die russische als auch für die anglo-amerikanische Großmacht.

4.12

Was wäre geschehen, wenn Friedrich Wilhelm IV. 1849 die ihm von der Frankfurter Nationalversammlung angetragene deutsche Kaiserkrone angenommen hätte?

Für die Bestellung des Reichsoberhauptes lagen der Paulskirche mehrere Anträge vor, deren jeder realisierbar war: die Wahl eines deutschen Fürsten oder eines beliebigen Deutschen oder eines Reichs-direktoriums von fünf Gliedern, darunter der Kaiser von Österreich und der König von Preußen, die in zweijährigem Turnus sich im Vorsitz abwechseln sollten. Zusatzanträge betrafen die Dauer (sechs oder zwölf Jahre oder Lebenszeit) und die Nachfolge (Erb- oder Wahlkaiser). Österreich empfahl eine jährlich zwischen dem Kaiser und dem preußischen König wechselnde Reichsstatthalterschaft. Am 28. März 1849 fiel die Entscheidung zugunsten eines preußischen Erbkaisers. Eduard Simson überbrachte den Antrag. Der König beriet sich und lehnte ab.

»Diese Ablehnung ist im Verlauf der nationalstaatlichen Revolution von 1848/49 der entscheidende Moment ihres Scheiterns gewesen« (Schieder 1960, 134). Der Prinz von Preußen, Alexander von Humboldt und andere einflußreiche Personen am Hof hatten sich für die Annahme eingesetzt. »An und für sich wäre nun auch König Friedrich Wilhelm IV fähig und selbst geneigt gewesen, die höchste deutsche Würde anzunehmen« (Ranke SW. 49/50, 512). Der König, der am 21. März 1848 versprochen hatte, sich zur Rettung des »teutschen« Volkes an die Spitze der Gesamtnation zu stellen, schreckte nun vor der Aufgabe zurück, ohne sie gleichwohl für unlösbar zu halten. Er sei eben kein Friedrich d.Gr., soll er zu Beckerath, nach anderer Überlieferung zu Humboldt gesagt haben.

Diese Selbsteinschätzung des Königs war gewiß treffend, und in einem Brief an Josias von Bunsen äußerte er die Befürchtung, das »eiserne Halsband der Revolution« tragen zu sollen. Die Krone verbreite den »Ludergeruch der Revolution«, so am 13. Dezember 1848. Gegenüber dem Großherzog in Darmstadt sprach er von einer »Schweinekrone«. Auch glaubte die Zweite Kammer in Frankfurt nicht recht an den Erfolg des Angebotes. Trotzdem hat bis zu seiner Ablehnung am 28. April 1849 die Möglichkeit eines demokratischen Nationalstaates unter einem Erbkaiser bestanden. Die wohl unausweichliche Verfassungsreform und der Widerstand seitens einiger der deutschen Fürsten und Österreichs unter Schwarzenberg hätten sich mit einiger Umsicht und Entschlossenheit erledigen lassen. Das Risiko zu einem neuen Siebenjährigen Krieg, den der mit dem »Romantiker auf dem Thron« eng befreundete Joseph Maria v. Radowitz fürchtete, hätte man wohl auf sich nehmen können, denn Frankreich und Österreich hatten genug innere Schwierigkeiten. Ernsthaftere Gefahren drohten nur von Rußland. Der Eindruck, daß Preußen die deutschen Chancen verschenkt habe, verstärkte sich 1850 in der Punktation von Olmütz.

Zu den entschiedensten Kritikern einer Olmützpolitik gehört Bismarck (GE. I 1913, 46f.). Auch er sah schon in der Revolution von 1848 eine verpaßte Gelegenheit zur Einigung Deutschlands, die allerdings nicht durch die »Frankfurterei«, sondern durch Preußen zu bewirken gewesen wäre. »Wenn es zu dem, nach einer Erklärung der preußischen und der österreichischen Regierung vom 10. März auf den 20. März nach Dresden berufenen Fürstenkongreß gekommen wäre, so wäre nach der Stimmung der beteiligten Höfe eine Opferwilligkeit auf dem Altar des Vaterlandes wie die französische vom 4. August 1789 zu erwarten gewesen«. Damals hatten die Abgeordneten der ersten beiden Stände auf ihre Adelsprivilegien verzichtet. Hätte Preußen mit derselben Energie zugleich die Niederwerfung der Revolution und die deutsche Einigung betrieben, so wäre letztere »in strengerer Form zu erreichen« gewesen als 1871. Die Kriege gegen Österreich und Frankreich hätten sich allerdings, so meint Bismarck, in keinem Falle vermeiden lassen.

Die Herstellung eines großdeutschen Staates, »so weit die deutsche Zunge klingt und unserm Herrgott Lieder singt« (Arndt emendatus), war dagegen erheblich schwieriger als eine Beschleunigung des kleindeutschen Reiches. Während den Interessen Österreichs mit dem Deutschen Bunde bestens gedient war, mußte Preußen schon wegen seines zerstückelten Territoriums auf Einigung hinarbeiten. Wäre sie durch Friedrich Wilhelm IV geschaffen worden, so bliebe die mutmaßliche Folge-Entwicklung näher am wirklichen Geschichtsverlauf als bei den meisten anderen hier besprochenen unverwirklichten Alternativen. Vermieden worden wäre der Streit um Elsaß-Lothringen, umgangen worden wäre zudem vermutlich jene Konsequenz, die Ranke (a.O. 516) mit der Ablehnung der Kaiserkrone verknüpfte: »Vielleicht ist es dem Könige zuzuschreiben, wenn die Idee der Nationalsouveränetät in Deutschland niemals festen Grund und Boden gefunden hat.«

4.13

Was wäre geschehen, wenn die Schüsse von Serajewo am 28. Juni 1914 unterblieben wären?

Den Schlüssel zum Verständnis eines Kriegsausbruches liefert mitunter das Studium eines Geschichtsatlanten. Seit der frühen Neuzeit vergrößerte Rußland sein Territorium nach allen Seiten, erweiterten Frankreich und England ihren Kolonialbesitz in Übersee. Mit der Gründung des Bismarckreiches erschien ein Mitbewerber auf dem Plan. Angesichts des allenorts geheiligten Nationalismus mußte man der Deutschen Einigung gegenüber Verständnis zeigen, auch wenn das unbequem war. Sobald aber Deutschland sich in außernationale Belange ebenso einschaltete, wie es für die anderen Großmächte selbstverständlich war, entstanden Spannungen. Seit der Krieg-in-Sicht-Affäre von 1875 wiederholen, überholen sich die Krisen. Frankreichs Anspruch auf Elsaß-Lothringen, Englands Sorge vor der deutschen Flotte, Rußlands panslawistische Interessen auf dem Balkan, zumal nach der Niederlage gegen Japan 1905, auf der einen und Deutschlands schwellendes Kraftgefühl auf der anderen Seite schufen eine explosive Lage, die man nicht als Kriegs*gefahr* empfand, sondern als Kriegs*bereitschaft* stolz zur Schau trug. Die Literatur über die Kriegs*schuld* ist interessant als Primärquelle für Mentalitätsgeschichte.

Der Waffengang wurde vorbereitet und erwartet, nicht für den Zeitpunkt des Ausbruchs, wohl aber grundsätzlich. Eines der vielen Zeugnisse dafür ist der zeitgeschichtliche Zukunftsroman von Seestern alias F. Grautoff »1906«. Sein Vorwort ist 1907 datiert, das Buch behandelt die »Ereignisse« des Jahres 1906 und erschien 1905. Es antizipiert den Ersten Weltkrieg. Er bricht aus durch eine englisch-amerikanische Provokation in der deutschen Kolonie Samoa. Abgesehen von dieser überflüssigen Infamie gegenüber England und Amerika, schildert der Autor in außerordentlich realistischer Weise die lebenden Politiker und die bereitstehenden Watten im Einsatz. Die Kämpfe dauern nur ein Jahr. Denn die Kolonialvölker glauben ihre Stunde gekommen und erheben sich gegen die Europäer. Gegenüber dieser gemeinsamen Gefahr schließt Europa Frieden, um seine Weltstellung nicht zu verscherzen. Als unverwirklichte Möglichkeit ist das auch nachträglich noch diskutabel, obschon ein solcher Ausgang den Staatsmännern einen Weitblick zutraut, den sie nicht besaßen.

Statt einer langfristigen Sicherung der gemeinsamen Zukunft suchten sie eine möglichst eindeutige Bestätigung ihrer individuellen weltpolitischen Ansprüche. Deutschlands beispielloses Bevölkerungs- und Wirtschaftswachstum führte im Inland zu übersteigerten Hoffnungen, im Ausland zu untragbaren Befürchtungen.

An warnenden Stimmen hat es nicht gefehlt. Sie kamen von ganz rechts und kamen von ganz links. Was die Redner fürchteten, war dasselbe. Was sie dagegen zu tun empfahlen, widersprach sich. Am 14. Mai 1890 argumentierte Moltke zugunsten der Rüstung, sie schütze Deutschland und mache einen Krieg zu einem unausdenkbaren Risiko für die gesellschaftliche Ordnung und die Zivilisation: »Meine Herren, wenn der Krieg, der jetzt schon mehr als zehn Jahre lang wie ein Damoklesschwert über unseren Häuptern schwebt, – wenn dieser Krieg zum Ausbruch kommt, so ist seine Dauer und sein Ende nicht abzusehen. Es sind die größten Mächte Europas, welche, gerüstet wie nie zuvor, gegeneinander in den Kampf treten; keine derselben kann in einem oder in zwei Feldzügen so vollständig niedergeworfen werden, daß sie sich für überwunden erklärte, daß sie auf harte Bedingungen hin Frieden schließen müßte, daß sie sich nicht wieder aufrichten sollte, wenn auch erst nach Jahresfrist, um den Kampf zu erneuern. Meine Herren, es kann ein siebenjähriger, es kann ein dreißigjähriger Krieg werden, – und wehe dem, der Europa in Brand steckt, der zuerst die Lunte in das Pulverfaß schleudert!«

Beliebige Sprengstoffmassen schlafen ewig, sofern kein Funke sie weckt. Freilich sollte, wer die Explosionsgefahr vermeiden will, nicht nur den Zünder fernzuhalten suchen, sondern auch den Zündstoff mindern. Das meinte August Bebel. Er erblickte in der Rüstung eine wachsende Gefahr für den Krieg. In seiner Rede zur Marokko-Krise am allzeit ominösen 9. November 1911 mahnte Bebel (II 1981, 269): »So wird man eben von allen Seiten rüsten und wieder rüsten, man wird rüsten bis zu dem Punkte, daß der eine oder der andere Teil eines Tages sagt: Lieber ein Ende mit Schrecken als ein Schrecken ohne Ende ... Dann kommt die Katastrophe ... der große Kladderadatsch (Lachen) ... Die Götterdämmerung der bürgerlichen Welt ist im Anzuge (Lachen) ... Hinter diesem Kriege steht der Massenbankrott, steht das Massenelend, steht die Massenarbeitslosigkeit, die große Hungersnot (Widerspruch rechts) ... *Discite moniti*«. Die

Heiterkeitsausbrüche auf dem rechten Flügel sind mitprotokolliert. Rückblickend würden vermutlich sowohl Moltke als auch Bebel ihre Warnung durch den Kriegsausgang bestätigt gefühlt haben.

Die Schüsse von Serajewo boten eine willkommene Gelegenheit zur Abrechnung. Die politische Kultur der Zeit war noch nicht auf jenem 1939 erreichten Tiefstand, der die Frage: »Was wäre geschehen, wenn der gestellte Überfall auf den Sender Gleiwitz am 1. September 1939 oder der am 7. Dezember 1941 auf Pearl Harbour unterblieben wäre?« schlicht verbietet. 1914 bedurfte es noch eines Winkes des Schicksals, und dies liefert eine minimale Chance für die Vermeidung des Krieges, falls wir jenen Zufall gedanklich eliminieren. Wenn wir dagegen bedenken, wie rasch alle Seiten durch eine Kette von Solidarisierungen diese Handhabe benutzten, um ihre schirmende, schimmernde Wehr zu erproben, drängt sich der Gedanke auf, daß bei gleichbleibenden Voraussetzungen irgendwann ein anderer Zufall dafür in Dienst genommen worden wäre.

George F. Kennan nannte den Ersten Weltkrieg die »Ur-Katastrophe dieses Jahrhunderts, das Ereignis, in dem ... Versagen und Niedergang unserer westlichen Zivilisation begründet liegen« (Weizsäkker 1983, 193). Tatsächlich endet mit diesem Krieg die Weltmacht Europas, und es entstanden die totalitären Systeme: der Sowjetstaat in Rußland, der Faschismus in Italien und die Hitlerbewegung in Deutschland. Darum wird die Frage nie einschlafen, ob und wie jener Krieg zu vermeiden gewesen wäre. Niall Ferguson (1999, 115ff.) entwarf jüngst ein kontrafaktisches Szenarium, in dem England sich aus dem Krieg heraushält, Deutschland siegt und eine stabile, saturierte europäische Föderation schafft. Das hätte titanische Anstrengungen erfordert, sie zu rekonstruieren überschreitet die hier gestellte Aufgabe. Immerhin sei auch des Lohnes gedacht. Hätte Vernunft gewaltet, so entfiele mit dem Ersten auch der Zweite Weltkrieg. Die Kolonien hätten sich unter europäischer Patenschaft modernisieren und emanzipieren können. Aus Österreich-Ungarn wäre vielleicht ein Commonwealth geworden. Rußland besäße eine der englischen ähnliche konstitutionelle Monarchie. Deutscher Kaiser wäre bis zu seinem Tode 1994 Louis Ferdinand von Preußen gewesen, und der 9. November wäre schulfrei – nicht weil an diesem Tag 1990 die Berliner Mauer gesprengt wurde, sondern wegen Kaisers Geburtstag.

4.14

Was wäre geschehen, wenn Hitler in der Zeit zwischen dem Anschluß Österreichs und dem Ausbruch des Zweiten Weltkrieges umgekommen wäre?

Zweiundvierzig Attentate auf ihn sind gescheitert (Berthold 1981). Wäre eines von ihnen in der Zeit zwischen März 1938 und August 1939 gelungen, so wird die Möglichkeit eines dauerhaften Großdeutschen Reiches denkbar. Freilich müssen wir hier dem Zufall ein wenig zu Hilfe kommen. Denn einerseits hat gerade Hitlers Triumph in München die Verschwörer um Halder entmutigt, und andererseits hätte der vom britischen Militärattaché Mason-Macfarlane geplante, aber von Whitehall als *unsportsmanlike* zurückgewiesene Geburtstagsschuß zum 20. April 1939 die Folgen von Serajewo wiederholen können.

Gleichviel, ein Todesfall ist immer denkbar, also sei er einmal gesetzt. Was wäre geschehen? Sebastian Haffner (1978, 57ff.) meint, in diesem Falle wäre ein Chaos in Deutschland ausgebrochen. Die Weimarer Verfassung sei außer Kurs gewesen und habe ihr Ansehen verspielt gehabt. Die nationalsozialistische Partei aber sei ganz auf den Führer zugeschnitten gewesen und hätte ohne ihn Deutschland nicht regieren können. Haffner suchte damit eine These von Joachim Fest (1973, 25) einzuschränken, der vermutete, daß Hitler nach einem Tode 1938 als einer der größten deutschen Staatsmänner, vielleicht als der Vollender der deutschen Einheit in die Geschichte eingegangen wäre.

Angesichts des hohen Grades an öffentlicher Disziplin im Dritten Reich ist der Rückfall ins Chaos nicht recht glaubhaft. Gewiß wäre ein Gerangel unter den Diadochen zu erwarten gewesen, vielleicht auch eine harte Auseinandersetzung zwischen den Spitzen der Partei und der Heeresleitung, aber Saalschlachten und Straßenkämpfe wie zur Zeit der späten Weimarer Republik waren kaum zu erwarten. Haffners Glaube ans Chaos will wohl nur das Ausmaß notwendigen Umdenkens mindern.

Die durch ein Ausscheiden Hitlers entstandenen innenpolitischen Machtprobleme hätten das Handeln nach außen erschwert. Nehmen wir den Widerstand gegen Hitlers Kriegsplan in der Generalität hinzu, so wäre mit einem Ausbruch des Zweiten Weltkrieges 1939 nicht zu rechnen gewesen. Der Wunsch nach Rückgewinnung der durch den Versailler Vertrag verlorenen Randzonen des Deutschen Reiches hätte fortbestanden, aber die Lebensraumtheorie als Muß und Maß der Außenpolitik ist wohl nur im Hirne Hitlers denkbar. Insofern müßten wir ohne ihn den Krieg samt seinen Begleiterscheinungen (insbesondere den Judenmord) und seinen Folgen (insbesondere die Halbierung Europas) unter die ungeschehene Geschichte rechnen. Indem wir Hitler und den Letzten Weltkrieg aus der Geschichte wegdenken, behalten wir Deutschland in den Grenzen von 1938 übrig.

Eine andersartige Frontstellung hätte sich ergeben, wenn eine von Liddell-Hart (1944/46, 61) angedeutete Alternative eingetreten wäre: wenn England auf die umstrittene Polengarantie verzichtet oder zum Schutze der Finnen 1940 »einen Schlag gegen Sowjet-Rußland« geführt hätte. Anscheinend wurde derartiges erwogen. Daß so aus dem Nichtangriffspakt von Hitler und Stalin ein Kampfbund der beiden Titanen gegen den Westen geworden wäre, ist befürchtet worden. Nur Hitlers irrsinniger Angriff auf Rußland, so meinte Liddell-Hart, habe den Westen gerettet. Aus späterer Perspektive war der Konflikt mit dem Osten wahrscheinlicher als der mit dem Westen. Hitler suchte Raum. Weizsäcker (1983, 304) fand, die Rolle als Degen des Westens gegen den Kommunismus sei für Hitler »wie geschaffen« gewesen, und bloße Verständigungsschwierigkeiten mit den Westmächten hätten diese Möglichkeit verschlossen.

An vorangegangenen Chancen, Hitler und seinen Krieg zu verhindern, fehlt es nicht: eine härtere Haltung Englands auf der Münchener Konferenz 1938, eine Ablehnung des Ermächtigungsgesetzes durch die Reichstagsmehrheit am 24. März 1933, eine Weigerung Hindenburgs, Hitler zum Reichskanzler zu ernennen, ein Erfolg Brünings auf den »letzten hundert Metern«, ein Abfangen der Weltwirtschaftskrise, eine Erhaltung der Hohenzollernmonarchie, die Verweigerung der deutschen Unterschrift unter den Versailler Vertrag (Haffner 1985, 132), der zu milde war, um Deutschland zu vernichten, zu hart, um es zu versöhnen ... Die Westmächte hatten Deutschland getrost besetzen sollen! Daß die französischen Negersoldaten die deutschen Frauen vergewaltigen würden, wie Matthias Erzberger fürchtete, war kaum anzunehmen. Jedes dieser Versäumnisse hätte die Wahrscheinlichkeit eines zweiten Krieges herabgesetzt.

Die Anfälligkeit des Weimarer Systems für eine autoritäre Strukturreform war beträchtlich und läßt sich durch eine einzelne veränderte Weichenstellung nicht beheben (Erdmann/Schulze 1979). Hoch determiniert waren auch der politisch-ökonomische Machtzuwachs in Amerika und Rußland. Hitler und der Letzte Weltkrieg lassen sich dagegen unschwer aus der Geschichte wegdenken. Amerikanische und russische Besatzungen hätten nicht ein halbes Jahrhundert in Berlin, nicht in Deutschland, vielleicht überhaupt nirgends im außersowjetischen Europa stehen müssen. Ob ein geeintes Europa als dritte Weltmacht unter deutscher Führung entstanden wäre, wie Haffner (132) meint, oder nicht, Deutschland könnte noch blühen von Kleve bis nach Klaipeda, das heißt von der Maas bis an die Memel.

4.15

Was wäre geschehen, wenn die Verschwörung gegen Hitler am 20. Juli 1944 gelungen wäre?

Vier Männer sind durch die Bombe Stauffenbergs getötet worden, Hitler hätte darunter sein können. Das hätte aber noch lange nicht den Erfolg der Verschwörer bedeutet. Weder innerhalb noch außerhalb Deutschlands konnten sie auf nennenswerte Unterstützung hoffen. Sobald die Todesursache Hitlers bekannt geworden wäre, hätte die Aktion Walküre ihre Legitimität verloren. Göring und die Männer der Wolfsschanze hätten die Macht übernommen.

Der Tod Hitlers hätte gewiß den Zusammenbruch Deutschlands beschleunigt. Es hätte keinen »Nero-Befehl« gegeben, ein großer Teil der gegen Kriegsende ausufernden Vernichtung wäre uns erspart geblieben. Dabei ist freilich auch die Gegenrechnung nicht zu vergessen. Hätte Generaloberst Beck sich zu einem deutschen Badoglio aufschwingen und sich gegen Rastenburg halten können, so wäre es zum Bürgerkrieg gekommen. Die Abwehr gegen die Russen wäre vermutlich stärker geschwächt worden, als es durch Hitlers torschlußpanische Ardennenoffensive geschah. Hunderttausende von Ostflüchtlingen wären ihnen in die Hände gefallen. Vielleicht wären die Russen sogar vorgestoßen bis zum Rhein. Ob sie sich dann, so wie die Amerikaner aus Thüringen, hinter die in Teheran 1943 vereinbarten Grenzen zurückgezogen hätten, ist nicht sicher. Aber auch in einem solchen Falle hätte die deutsche Nachkriegsdemokratie mit einer neuen Dolchstoßlegende leben müssen (Jäckel 1974). Der vorzeitige Tod des Führers und größten Feldherrn aller Zeiten wäre als Ursache der Niederlage verstanden und beklagt worden. Die Verschwörung hat trotz ihres Scheitern den Krieg verkürzt und dazu beigetragen, daß die ersten Atombomben nicht auf Berlin und München geworfen wurden

4.2

Die behandelten Beispiele beanspruchen keinen Vorrang unter der großen Anzahl von Situationen, die einen Ausblick auf vergangene Möglichkeiten gewähren. Kaum weniger reizvoll ist es, zu fragen, was geschehen wäre

– wenn Perikles den für 447 ausgerufenen panhellenischen Friedenskongreß (Plutarch Per. 17) zustande gebracht hätte? Möglicherweise wäre der Peloponnesische Krieg verhindert und Hellas so gestärkt worden, daß es Makedonien standgehalten hätte. Kein Alexander, kein Hellenismus?

– wenn die Kaiserin Irene 802 den Heiratsantrag Karls d.Gr. angenommen hätte? Vielleicht wäre ein fränkisch-byzantinisches Großreich entstanden, in dem sich germanische, griechische und römische Traditionen zusammengefunden hätten.

– wenn Louis XVI. sich hinter die Reformpläne von Turgot gestellt hätte? Da sie die meisten später von der Revolution ertrotzten Maßnahmen umfaßten, hätte jener viel Wind aus den Segeln genommen werden können (A. Maurois bei Squire 1932/72, 49ff.).

– wenn Napoleon bei Waterloo gesiegt hätte? Wäre damit sein Stern wieder gestiegen oder hätte sich sein Untergang nur verzögert, statt um hundert um zweihundert Tage? Das »Schicksal Europas« stand – *pace* Stefan Zweig – nicht mehr auf dem Spiel.

– wenn Kaiser Friedrich III. keinen Kehlkopfkrebs gehabt und das Alter seines Vaters erreicht hätte? Es wäre denkbar, daß es zu liberalen Reformen gekommen wäre, die das Deutsche Reich in eine parlamentarisch-konstitutionelle Monarchie nach englischem Muster verwandelt hätten, und daß die Spannungen zu England und/oder Rußland friedlich überwunden worden wären (Emil Ludwig bei Squire 1932/72, 223ff.)

– wenn Zar Nikolaus II. im Jahr 1916 Rasputin fallen gelassen und sich mit der Opposition in der Duma verständigt hätte? Es war nicht schlechterdings unmöglich, die »vielberufene Wiedervereinigung des Herrschers mit dem Volk« (Geyer 1968/80, 64) herzustellen und die Russische Revolution abzufangen.

– wenn in den Jahren nach 1945 der Morgenthau-Plan durchge-
führt und die deutsche Industrie dauerhaft vernichtet worden wäre?
Roosevelt und Churchill hatten ihn am 15. September 1944 gebilligt.
Das hätte Sympathien für den Nationalsozialismus am Leben halten
und eine Anlehnung an Rußland zur Folge haben können, so zu
hören in einer Sendung des RIAS zum 90. Geburtstag von Henry
Morgenthau 1981.

– wenn Chruschtschow die Forderung Kennedys vom 22. Oktober 1962, die sowjetischen Raketen aus Kuba abzuziehen, abgelehnt
und amerikanische Repressalien in Europa erwidert hätte? Der Atom-
krieg stand vor der Türe.

Über all dieses und vieles andere ließe sich nachdenken. Sobald
wir einmal darauf zu achten beginnen, welche Gelegenheiten ungenutzt verstreichen, gewinnt die Geschichte eine andere Gestalt, und
zwar in zweierlei Hinsicht. Es ist zum ersten eine vom üblichen Weg-
und Strombild abweichende Verlaufsfigur der Geschichte. Wie immer man die Fälle wählt, allemal entsteht eine Ereignisstruktur, die
an einen Baum gemahnt. Wie bei einer Fichte wird der Stamm des
Entscheidungsbaumes durch Wirbel gegliedert, von denen sich die
Alternativen wie Äste nach mehreren Seiten erstrecken, um sich weiter
und weiter zu verzweigen und dann im Leeren zu enden. Die unteren Äste sind länger als die oberen, so wie die Alternativen zu älteren Geschichtsereignissen länger ausgedehnt werden können, als die
zu jüngeren. Bricht die Spitze der Fichte ab, so stellt sich ein Seiten-
zweig senkrecht und bildet sich zur Ersatzspitze um. Jede Möglichkeit hätte unter benennbaren, wenngleich unterschiedlich wahrscheinlichen Bedingungen einmal Wirklichkeit werden können.

Zum zweiten zeigt unsere Beispielreihe, wie auch versäumte Möglichkeiten einer gewissen Evidenz fähig sind. Überzeugen kann das
freilich nur den, der zwischen Ja und Nein ein Spektrum von Plausibilitäten anzunehmen bereit ist, der mit Max Weber (1906/68, 283f.)
»Gradabstufungen« innerhalb der Möglichkeitsurteile zuläßt und
anerkennt, daß sie »einer ganzen Skala von Graden der Bestimmt-
heitfähig« sind.

Ernst Jünger beschreibt in seinem Roman »Eumeswil« (1977) einen allwissenden Automaten, der sämtliche Daten der Geschichte
gespeichert hat und jede historische Frage beantwortet. Ein solcher
»Luminar«-Computer könnte wohl auf Möglichkeitsgeschichte ab-

gerichtet werden, wobei die jeweiligen Antworten mit einem Wahrscheinlichkeits-Index auszustatten wären. Dieser Historiomat würde das zentrale Gerät eines Laboratoriums für experimentelle Geschichte und könnte die von mir in handwerklicher Stümperei konstruierten Ereignisbäume und Konditionalketten perfektionieren. Die Schwierigkeiten sind beträchtlich, aber nicht unüberwindbar. Und wenn – auch die Arbeit an unlösbaren Problemen macht uns klüger.

Wer den Schlüssel der gelehrten Phantasie in die verbotene Türe der ungeschehenen Geschichte steckt, den trifft beim Blick durch den Spalt zunächst die angedrohte Strafe, dann der erhoffte Lohn. Erstere ist die Enttäuschung durch die dabei auftretenden Hindernisse, letzterer ist der Gewinn an historischer Einsicht. Beidem wollen wir uns nun nacheinander zuwenden.

5. Hindernisse

Qui fingit, peccat in historiam.
Erasmus

»Die Geschichte ist das Feld der Möglichkeiten. Für den Historiker, der sie nacherlebend noch einmal vollzieht, ist sie in der Fülle der Möglichkeiten der Deutung noch einmal das Feld der Möglichkeiten« (Weizsäcker 1983, 221). Die Möglichkeiten potenzieren sich: es gibt mehrere theoretische Möglichkeiten, die allerdings unterschiedlich plausibel sind, praktische Möglichkeiten zu rekonstruieren, die ihrerseits unterschiedlich praktikabel sind.

In drei Stufen absteigender Bestimmtheit läßt sich behaupten: daß wir grundsätzlich unverwirklichte Alternativen annehmen müssen; daß wir beschreiben können, wie sie ausgesehen hätten; und daß wir abschätzen können, wie wahrscheinlich sie waren. Die Hindernisse bei Mutmaßungen über Mögliches betreffen einerseits die Benennung der auswechselbaren Phänomene und andererseits die Begründung der einzufügenden Substitute.

5.11

»Kleine Ursachen«, sagte Cicero (Phil. V 26) in einer Rede gegen Marcus Antonius, »können große Veränderungen des Zeitenablaufs herbeiführen«. Das wäre anhand fiktiver Geschichte zu prüfen. Beispiele für eine *Might-Have-Been-History* liefern, wie unsere Liste lehrt, überwiegend einzelne Entscheidungen, einzelne Handlungen, einzelne Menschen. Für alles, was den statistischen Durchschnitt nicht gefährdet und im Rahmen der allgemeinen Entwicklung bleibt, stehen Ersatzlösungen zu Gebote. Schwieriger wird es angesichts konstanter und kollektiver Phänomene, zumal solcher, die sehr langsam entstanden sind, ja deren Dasein wir vielleicht sogar immer schon voraussetzen, sobald wir singuläre Entscheidungen, Handlungen und Menschen historisch begreifen wollen.

Als wir eine Alternative zum Prinzipat des Augustus suchten, schauten wir uns um im Kreise seiner Zeitgenossen. Brutus, Cassius und den Senat ließen wir unberührt, denn wir benötigten sie für unsere Alternativgeschichte. Es hat Sinn zu fragen, was ohne Augustus geworden wäre; aber es hat wenig Reiz, die ganze römische Nobilität, das ganze römische Heer, das ganze römische Volk aus der Geschichte hinwegzudenken.

Überlegen wir uns Alternativen zum Imperium Romanum, so werden wir zunächst nach dem Ausgangspunkt für die Entwicklung eines anderen Weltreiches suchen. Wir denken an Alexander oder Hannibal, stellen die Großraumordnung selbst aber nicht zugleich in Frage. Tun wir dies dennoch, so halten wir wenigstens an den älteren Stammes- und Stadtstaaten fest und problematisieren nicht die Staatlichkeit als solche. Wer auch dies noch unternähme, zerrisse am Ende mit den politischen Ordnungen auch die übrigen Kommunikationsnetze: das Recht, die Sitte, die Wirtschaft, die Technik, die Kunst, die Religion und die Sprache. Das Gedankenspiel des Aristoteles (Politik 1253 B), wie angenehm es wäre, wenn das Weberschiffchen von selbst hin- und herspränge, weil dann Arbeit und Sklaverei überflüssig wären, oder der Wunschgedanke Augustins (Brief 138, 10f.), wie schön es wäre, wenn alle Menschen das christliche Liebesgebot annähmen, weil dann Krieg und Gewalt aufhörten, zählen eher zu den frommen Wünschen als zu den realistischen Alternativen.

Wie Vergleiche mit den fernöstlichen und altamerikanischen Kulturen lehren, handelt es sich bei jenen Institutionen offenbar nicht um auswechselbare Resultate *von* Geschichte, sondern um anthropologische Voraussetzungen *für* Geschichte, zumindest in der Vergangenheit. Die augenscheinliche Unersetzbarkeit von epochenübergreifenden Erscheinungen wie Arbeitsteilung und Städtewesen, Militär und Verwaltung, Familie und Erziehung gilt in nur schwach vermindertem Maße auch für epochenspezifische Phänomene. Aufklärung und Romantik, Idealismus und Sozialismus, Nationalstaat und Imperialismus lassen sich in ihren Dimensionen und Proportionen gedanklich modifizieren, kaum aber schlechterdings weg- und umdenken.

5.12

Ebenso wie die anthropologischen Konstanten widersetzen sich langfristig gleichgerichtete Prozesse einer gedanklichen Auswechselbarkeit. Ein Strom, den tausend Bäche speisen, wird kaum geschwächt, wenn wir den einen oder anderen Zufluß abdämmen oder umleiten. Verliert sich dann der Ursprung im Dunkel der Vorzeit, so läßt sich eine plausible Alternative nicht vorstellen.

Aus diesem Grunde ist die Entwicklung der Zivilisation, der Produktion und der Organisation nicht ungeschehen zu denken. Daran hängt das Interesse der Menschheit. Auch die großen Kulturen sind gegen den Zufall gefeit. Was hätte die chinesische, die indische, die europäische Kultur an ihrem jeweiligen Aufstieg hindern können? Hier entfalten sich nach jahrtausendelanger stummer Vorbereitung biologisch, geographisch und klimatisch bestimmte Potentiale. Entsprechend waren auch große Niedergangsprozesse durch Einzelreformen oder Detailkorrekturen nicht aufzuhalten. Für die antike Kultur ist jedenfalls der Punkt nicht zu entdecken, an dem sie dauerhaft zu kurieren und zu konservieren gewesen wäre. Eine Niederlage des Arminius hätte die Germanen nicht beseitigt, eine Begnadigung Jesu hätte die orientalischen Erlösungsreligionen nicht überwunden.

Schwer zu beantworten ist die Frage, wie entwicklungsfähig jene Kulturen waren, die überlagert wurden. Gewiß bedeutet die Romanisierung Galliens eine Verfremdung der keltischen Kultur; das Druidentum mit seiner Literatur ging unter, aber die bildenden Künste erfuhren Auftrieb durch die neuen Techniken. Das Christentum hat viele heidnische Traditionen zerstört; die germanischen Heldenlieder aus der Sammlung Karls des Großen sind der Frömmigkeit seines Sohnes Ludwig zum Opfer gefallen, aber dann waren es doch Geistliche, die uns die Edda und die altirischen Mythen aufgeschrieben haben.

Die größten gedanklich abänderbaren Entwicklungen sind jene, die sich um einen bestimmten Menschen kristallisieren und diesem ihre Identität verdanken. Eine Fehlgeburt Marias hätte die Weltgeschichte verändert. Ein früher Tod des Alten Fritzen stellte Preußens Aufstieg in Frage. Für die Sowjetunion war Lenin, für die Volksrepublik China war Mao wesentlich. In fortgeschrittenem Stadium werden Großprozesse dann resistenter. Hannibal konnte Rom nicht mehr niederzwingen, Brutus die Republik nicht mehr retten.

Zur Kurskorrektur großer Entwicklungen sind Katastrophen erforderlich. Die meisten schweren Konflikte haben sich durch eine

Folge von Entscheidungen langsam und stetig vorbereitet, so daß sie durch eine einzelne Maßnahme nicht endgültig zu verhindern waren, obschon sie durch eine ebensolche herbeigeführt wurden. Unsere Beispiele waren Hitlers Machtergreifung und die Schüsse von Serajewo. Auch die Versenkung der »Lusitania« 1915, die Emser Depesche von 1870, die Berliner Schloßplatzszene 1848, der Prager Fenstersturz 1618, die Vesper von Ephesos 88 v.Chr. und das Megarische Psephisma beim Ausbruch des Peloponnesischen Krieges 431 v.Chr. zählen hierher. Letzterer ist insofern das *exemplum classicum*, als an ihm Thukydides die Unterscheidung zwischen Anlaß und Ursache in die Historiographie eingeführt hat. Seit dem Sieg der Griechen über die Perser war Athen zu einem Rivalen von Sparta, der traditionellen Vormacht in Hellas, herangewachsen. Die Reibungen nahmen zu, und es lag im Interesse beider Städte, den faulen Frieden zu beenden und eine Entscheidung herbeizuführen. Im Konflikt zwischen Korinth und Kerkyra haben die beiden Großmächte sich mit ihren streitenden Bündnern solidarisiert und damit das Duell auf die Bühne eines antiken Weltkrieges gehoben. Das Muster ist zeitlos.

Gegensätze müssen nicht aufbrechen, und wenn, dann müssen sie nicht mit der völligen Niederwerfung des Unterliegenden enden. Zwischen Römern und Persern, zwischen Habsburgern und den Osmanen, zwischen Deutschland und Frankreich hat es immer wieder Grenzkriege gegeben, aber nie ging es um die Vernichtung des Gegners. Auch zwischen Rußland und Amerika waren während des Kalten Krieges nur Einflußzonen umstritten, was aber sollte der Kreml mit Kalifornien, was Washington mit Usbekistan anfangen? Wird eine Spannung lang genug ertragen, erledigt sie sich, indem eine Seite erschlafft.

5.13

Suchen wir nach Alternativen zu bestimmten Resultaten, so kehrt sich die Fragestellung um. Wir fragen nicht: »Was wäre geschehen, wenn ...?«, sondern: »Was hätte geschehen müssen, damit (nicht) ...?« Statt einer Ursache ändern wir eine Wirkung, statt andersartiger Folgen testen wir andersartige Voraussetzungen.

Unser Interesse ist das eines Arztes am Krankenbett der Menschheit, eine historische Pathosophie. Darum fragen wir nicht. Unter welchen Voraussetzungen hätte sich das Papsttum – wie es die um 760 gefälschte constantinische Schenkung vorsah – zur politischen Weltherrschaft entwickelt? Nicht: Unter welchen Bedingungen hätte sich die 1865 schließlich verbotene Negersklaverei in Amerika bewahren lassen? Nicht: Unter welchen Umständen hätte sich die 1967 abgebrochene chinesische Kulturrevolution und die Totalkollektivierung durchsetzen können?

Statt dessen fragen wir, wie sich eingetretene Unglücksfälle hätten mildern oder vermeiden lassen. Hätten Reformen eines Turgot 1774/75 nicht die Französische Revolution erübrigt? Hätte ein verlängerter Rückversicherungsvertrag 1890 nicht den Zweifrontenkrieg 1914 verhindert? Auch wollen wir wissen, wie man ausgebliebene Errungenschaften hätte erzielen oder später erreichte hätte beschleunigen können. Die Einigung Deutschlands war nach der Niederwerfung Napoleons, die Demokratisierung nach dem Umzug des Kaisers ins niederländische Elternhaus der Audrey Hepburn zu erwarten – das war an der Zeit. Die Geschichte wird als ein Lernprozeß begriffen, der, wie jeder andere, mit größerem oder geringerem Erfolg verlaufen kann. Der Grad an Abweichung vom wirklichen Geschehen steht auch hier im umgekehrten Verhältnis zur Wahrscheinlichkeit des möglichen Ereignisverlaufes. Die Plausibilität und die Zahl denkbarer Alternativen sinkt gewöhnlich mit der wachsenden (und steigt mit der sinkenden) Bedeutung des zu ersetzenden Phänomens. Das mindert den Reiz unseres Gedankenspiels.

5.21

Die Beweisnot für parahistorische Mutmaßungen wird nicht nur durch den Charakter des zu tilgenden, sondern auch durch den des ersatzweise einzuführenden Phänomens bestimmt. So ist es schwer, plötzliche Umschwünge als kontrahistorische Möglichkeiten glaubhaft zu machen. Immer wieder sind radikale Revolutionäre aufgestanden, deren bisweilen bestechende Programmatik ihren damaligen so gut wie ihren heutigen Anhängern den Beutel öffnen, aber die Augen darüber verschließen, wie gering ihre Erfolgsaussichten waren. Mit moralischer Entrüstung über die angebliche Perfidie ihrer Gegner oder über die zeitlose Lethargie der Allgemeinheit ist da wenig zu retten. Hypothesen darüber, was passiert wäre, wenn Spartacus oder Arnold von Brescia oder Rienzi oder Savonarola oder Jan Bockelson oder Bakunin sich durchgesetzt hätten, sind darum witzlos, weil damit allzuviel historische Substanz umgeformt werden müßte. Woher die dafür nötige Kraft nehmen? Die Frage »Unter welchen Umständen gedeiht eine Eiche im Fingerhut?« ist falsch gestellt.

Für die genannten Fälle genügt etwas Augenmaß, um sie abzuweisen. Bisweilen bedarf es einer Forschungsarbeit, um die Unwahrscheinlichkeit einer weit abführenden Alternative zu erkennen. Unter den behandelten Beispielen gilt dies für die Chancen des Bauernkrieges oder die der Verschwörer vom 20. Juli 1944. Hierzu zählt weiterhin ein immerhin denkbarer Sieg der Österreicher über die Preußen bei Königgrätz 1866. In Frankreich hat man ihn erwartet. Aber aufgrund der preußischen Überlegenheit hätte das den Krieg bloß verlängert. Sadowa wäre ein zweites Olmütz geworden. Die statistischen Zahlen über die Industrialisierung, die Schulbildung, Bevölkerungsentwicklung und das Militärwesen sprechen eindeutig für Preußen; Österreich krankte an seinen Völkerproblemen, während Preußen in Deutschland als Vormacht der Einigung angesehen wurde. Darum hätte ein anderer Ausgang der Schlacht den Weg zur kleindeutschen Lösung allenfalls kurzfristig verzögert. Um einen gänzlich anderen Weg zu ersinnen, bedarf es der Phantasie, wie sie Carl Amery 1979 in seinem Roman »An den Feuern der Leyermark« bewiesen hat: sie endet in der Gründung einer Centraleuropäischen Eydgenossenschaft mit der Hauptstadt Mynchen.

5.22

Die Plausibilität von historischen Deviationen sinkt nicht nur mit dem Grad der Abweichung, sondern auch mit der Entfernung von dem Zeitpunkt, an dem wir die wirkliche Geschichte verlassen. Langzeitalternativen sind immer schwer einsichtig zu machen. Abd er Rahman als Begründer eines islamischen Westeuropas oder Brutus als Vater des modernen Republikanismus mutet uns abenteuerlich an. In Stufen läßt sich das verfolgen an Toynbees weltgeschichtlichem Alexandertraum. Er erscheint uns desto abwegiger, je weiter er sich vom 13. Juni 323 entfernt. Toynbee legt zwar ein historisch vertretbares Alexanderbild zugrunde und verarbeitet geschichtliches Material in einer Dichte, die den Respekt der Fachwelt verdient. Sie wird gegen die bloße Möglichkeit seines Entwurfs kaum begründet protestieren können. Er ist nur zu schön, um wahrscheinlich zu sein.

Uns wird die Annahme zugemutet, daß die Menschheit sich friedlich zu Vernunft und Humanität bekehrt und daß Alexander und seine Dynastie mit 86 Würfen 86 Sechser würfeln. So etwas wäre nicht geradezu unmöglich, aber niemand wird das ernsthaft in Betracht ziehen.

5.3

Toynbees pazifistische Alexander-Utopie ist eine zu Ende gedachte Wunschgeschichte. Sie zeigt uns, welche Irrlichter uns vom Pfade des Realen locken: es sind unsere Hoffnungen und Ängste. Die meisten Alternativentwürfe wurzeln in Wünschen und Befürchtungen. Das Ungeschehene wird nicht einfach als anders, sondern als viel besser oder als viel schlechter dargestellt. Wie schön wäre es gewesen, wenn Napoleon Kaiser der Vereinigten Staaten von Europa geworden wäre und die »kosakische« Gefahr dauerhaft gebannt hätte (so sah er das auf Sankt Helena selbst). Wie schlimm wäre es gewesen, wenn Napoleon Europa unter die französische Militärdespotie gezwungen und den deutschen Geist, die deutsche Freiheit erstickt hätte (so sah Ernst Moritz Arndt das aber). Derartige Wunsch- und Schreckbilder dienen unserem Sensations- bzw. Trostbedürfnis. Dieses mindert unsere Kritikfähigkeit und verfälscht die Plausibilitäten.

Schon die antiken Spekulationen über ein längeres Leben Alexanders lehren das. Livius (I 17f.) erörtert die Frage, was wohl geschehen wäre, wenn Alexander Rom angegriffen hätte, um den Griechen, die auf dieses Gedankenspiel das Luftschloß eines nur vom Neide der Götter verhinderten griechischen Weltreichs gründeten, entgegenzuhalten, daß diese prekäre Chance allein auf der Person Alexanders beruht habe, wohingegen Roms Imperatoren ersetzbar waren. Wäre von ihnen einer gefallen, so hätte das wenig ausgemacht. Dagegen kam von griechischer Seite das Argument, daß einzig Papirius Cursor den Makedonen hätte aufhalten können (Ammian XXX 8,6), so daß dessen Chancen doch wieder steigen. Der Alexander-Roman hat sodann seinem Helden die kühnsten Träume erfüllt: Alexander gewinnt Karthago, Rom, Äthiopien, besiegt Rußland, besucht die Amazonen, gelangt noch bis zu den Wak-Wak-Inseln, d.h. nach Japan. Schließlich erkundet er in einem von Greifen getragenen Korb den Himmel und taucht in einem gläsernen Faß auf den Meeresboden (Pfister 1978).

Die meisten der aufgeführten Alternativen lassen ihre emotionale Temperatur unschwer erkennen. Ein Sieg der Perser über die Griechen, der Karthager über die Römer, der Araber über die Franken, der Spanier über die Engländer wird überwiegend mit Furcht bedacht; eine längere Regierung Kaiser Heinrichs VI., ein Erfolg des Bauernkrieges, die Annahme der Kaiserkrone durch Friedrich Wilhelm IV. und ein Tod Hitlers 1938 wird allgemein mit Sympathie vorgestellt.

Die imaginäre Geschichtsliteratur unseres Jahrhunderts steht großenteils unter dem Schreckbild der Weltkriege und ersinnt Möglichkeiten, wie sie zu verhindern gewesen wären. Ein brillanter Entwurf zur Vermeidung des Ersten Weltkrieges stammt aus der Feder von Winston Churchill (bei Squire 1932, 175ff.). Churchill konstruiert keine einfache, sondern eine verdoppelte Alternative. Er geht aus von der Schlacht bei Gettysburg 1863, unterstellt einen Sieg der Südstaaten unter Lee, knüpft daran eine imaginäre Geschichte, die er als die faktische ausgibt und verwandelt die faktische in eine imaginäre, indem er fragt, was wäre geschehen, wenn Lee die Schlacht verloren hätte? Die mutmaßliche Folge wäre der Erste Weltkrieg gewesen. Er habe umgangen werden können, indem Lee nach seiner Einnahme von Washington die Unterstützung Englands unter Gladstone dadurch errungen hätte, daß er seinerseits die Sklaven befreite. Unter dieser kühnen, gleichwohl gut begründeten Hypothese präsentieren sich überraschende Aussichten. Churchill folgert eine Teilung der Vereinigten Staaten, einen Zusammenschluß des Südens mit England, dem sich durch außenpolitische Interessengemeinschaft auch der Norden wieder zuwandte. 1905 schließen sich die drei nun »Wiedervereinigten Staaten« zur ESA zusammen. Diese English Speaking Association durchkreuzt durch militärischen Druck die Kriegspläne der europäischen Mächte im August 1914 und ermuntert sie zur Gründung der Vereinigten Staaten von Europa. Dies erwartet Churchill, der 1931 schrieb, vom paneuropäischen Kongreß, den Kaiser Wilhelm für 1932 nach Berlin einberufen habe.

Phantasiegeschichten zur Verhinderung des Letzten Weltkriegs blenden das Dritte Reich aus, indem sie das Weimarer System stabilisieren. Linke Wunschdenker wie Arthur Rosenberg knüpften nachträglich große Hoffnungen an den Gedanken, daß der Rat der Volksbeauftragten Ende 1918 die Sozialisierung der Schlüsselindustrien und die Aufteilung des Großgrundbesitzes betrieben hätte. Konnten nicht große Teile der Arbeiter- und Bauernschaft für das Weimarer System gewonnen werden, wenn die Gelegenheit zu einer gemäßigten Sozialisierung ergriffen worden wäre? Kohle, Kali, Eisen und Stahl den Arbeiter- und Soldatenräten unterstellt, Militär und Justiz demokratisiert, Kriegsschuldige und Kriegsgewinnler vor Gericht gezogen, allgemeine Entwilhelmisierung ...? Nein, die Erfolgsaussichten einer solchen Alternative waren gering. Sozialisierungsmaßnahmen hätten der Republik kaum die benötigten Republikaner geliefert. Die staatstragende Intelligenz blieb großenteils abseits. Der kleinere Teil stand links vom System, ihn konnte man nicht brauchen. Der größere Teil stand rechts vom System, auf ihn mochte man nicht verzichten. Weitergehende revolutionäre Aktivitäten der Spartakisten hätten unfehlbar die Freikorps entsprechend gestärkt, so daß die versäumte linke Alternative durch eine verhinderte rechte aufgewogen wird: Was wäre geschehen, wenn der Kapp-Putsch gelungen wäre?

Die emotionale Seite der Alternativkonstruktion entpuppt sich neuerdings vor allem in der Hitler-Literatur. In Deutschland beherrscht sie der Wunsch, wie schön es doch gewesen wäre, wäre uns der Führer und der Krieg erspart geblieben! Im anglo-amerikanischen Schrifttum dagegen grassiert die Befürchtung, wie schrecklich es gewesen wäre, wenn Hitler gewonnen hätte. Eine ganze Horror-Literatur lebt von dieser Spuk-Idee und rechtfertigt nachträglich die Entscheidung der Westmächte, an der Seite der Sowjetunion Deutschland niederzukämpfen (Shirer 1961; Longmate 1972).

Die Bange vor den Sowjets spielt eine geringere Rolle. Sie verbindet sich allerdings bisweilen mit dem Hitler-Trauma. So in der Science Fiction: Hitler wandert 1919 in die USA aus, die Nationalsozialisten lösen sich ohne einen Führer 1923 auf. 1930 ergreifen die Kommunisten in Deutschland die Macht, 1948 nehmen die Sowjets England ein. Hitler schreibt in Amerika einen Roman, in dem eine faktisch nur als Motorradbande bestehende christlich-antikommunistische Legion unter der Führung eines »Herrn des Hakenkreuzes« die Macht des sowjetischen Eurasien bricht. Damit weist Hitler den USA den Weg, ehe er 1953 stirbt (Spinrad 1972/81).

Wirklichkeitsnahe Möglichkeitsträume knüpfen an die Schlußphase des Letzten Weltkrieges an. Iwan Pfaff (FAZ. 23. November 1985) hat gezeigt, daß und wie Eisenhower die Tschechoslowakei dem Westen hätte erhalten können. Churchill bemühte sich 1943 und 1944, statt der Landung in Südfrankreich einen amerikanischen Vorstoß aus Norditalien nach Wien, Budapest und Prag durchzusetzen. Tito stimmte zu, aber Roosevelt lehnte am 3. September 1944 endgültig ab. Die militärische Lage hätte es der amerikanisch-britischen Armee erlaubt, Böhmen, Westungarn und Österreich zu besetzen. Der auch später noch möglichen, von den Briten angestrebten und den westlich denkenden Tschechen unter Benesch erwünschten Befreiung Prags widersetzten sich Truman und Eisenhower, obwohl dem keine Abmachungen mit den Sowjets entgegenstanden. Politische Gesichtspunkte spielten für die amerikanische Armeeführung anscheinend keine Rolle. Als sich Eisenhower schließlich zum Vorstoß auf Prag durchrang, brachte ihn am 6. Mai 1945 ein sowjetischer Protest zum Stehen. Auch der Befehl Trumans vom 7. Mai konnte ihn nicht zum Marsch nach Prag bewegen, obwohl die Russen noch fern waren. So geriet die Tschechoslowakei psychologisch und politisch unter sowjetischen Einfluß. – Der Sturz des kommunistischen Regimes in Prag 1989 wirft die Frage auf, wozu das so unglaublich kostspielige Experiment gut war, zumal wir wissen, wie es sich hätte vermeiden lassen.

Wahrscheinlich wirkt unter allen Motiven für ein Interesse am Gedankenspiel über ungeschehene Geschichte keines so stark wie das Trauma der Erinnerung an den Letzten Weltkrieg und seine Corollarien – jedenfalls im deutschen Publikum. Ich nehme mich selbst dabei nicht aus und vermutete: wenn uns all das erspart geblieben wäre, dann würden wir nicht über versäumte Möglichkeiten grübeln, bis ich das Wort Hebbels vom 19. März 1839 fand: »Das Wort *Wenn* ist das deutscheste aller deutschen Worte.«

5.4

Um plausible Langzeit-Alternativen zu entwerfen, müßten wir uns nicht nur von unseren Wünschen und Ängsten befreien, sondern auch jene Zufälle und Überraschungen einplanen, die den Gang der Geschichte kennzeichnen. Wer kann das? Toynbee zieht seine ideale Linie glatt durch, die wenigen Zugeständnisse, die er an die Ungunst des Schicksals macht, beschränken sich darauf, daß der eine oder andere Alexander statt der üblichen Sechs hin und wieder eine Fünf oder eine Vier würfelt. Der statistische Durchschnitt liegt aber bei

Dreieinhalb. Die riesigen Pläne der Mächtigen kommen am Ende zum Halt.

Wir konstruieren Geschichtsabläufe aufgrund von Gesetzmäßigkeiten, die wir der historischen Erfahrung zu entnehmen meinen, obschon uns diese doch immer wieder mit plötzlichen Wendungen überrascht. Dadurch wird der gleichmäßige Fortgang unterbrochen. Was zu erwarten wäre, wenn ... können wir nicht genauer bestimmen als: was zu erwarten war, nachdem ... Der Zufall, dessen Einfluß wir durch Alternativkonstruktionen einzugrenzen suchten, stellt sich selbst der Konstruktion von Alternativen in den Weg.

In manchen Fällen ist das wirkliche Geschehen selbst nur die weniger wahrscheinliche Alternative zu dem, womit eigentlich zu rechnen war. Das Auftreten von Männern wie Alexander oder Jesus war von grotesker Unwahrscheinlichkeit, der Sieg der Griechen in den Perserkriegen oder die Niederlage der Römer im Teutoburger Wald hat die Mehrzahl, auch der kundigen Zeitgenossen überrascht. Die Politik von Hitler (zum Weltkriege) oder Gorbatschow (zum Weltfrieden) war im Frühstadium nicht vorauszusehen.

Die Unwahrscheinlichkeit mancher wirklicher Ereignisfolgen zeigt das von Churchill erfundene umgekehrte Gedankenspiel, die tatsächliche Geschichte fiktiv als hypothetisch zu betrachten. Auch andere Ereignisfolgen widersprechen begründeten Erwartungen. Nehmen wir an, die zu Beginn des Peloponnesischen Krieges 430 ausgebrochene Pest, der Perikles erlag, hätte nicht stattgefunden. Sparta steht mit überlegener Landmacht in Attika. Zwischen den Langen Mauern drängen sich Abertausende von flüchtigen Bauern, die Ernährungsgrundlage ist heikel. Stellen wir uns nun noch den Ausbruch einer Seuche vor, der nicht nur Tausende von Menschen, sondern zugleich der führende Mann Athens erliegt. Hätte das nicht das Ende für des attischen Reiches Herrlichkeit sein müssen? Und doch hat Athen noch 25 Jahre durchgehalten.

Ein zweiter Fall. Angenommen, Hannibal wäre bei Cannae besiegt worden, so dürften wir behaupten, daß Aemilius Paullus und Terentius Varro Rom damals gerettet hätten. Nach den römischen Niederlagen der Jahre 218 und 217 am Ticinus, an der Trebia und am Trasimenischen See hätte eine weitere, vielleicht schwere Schlappe 216 doch Roms Widerstand endgültig brechen müssen! Und doch hat Rom standgehalten.

Ein drittes Beispiel. Setzen wir den Fall, Caesar hätte 44 v.Chr. sein Attentat überstanden und seine Herrschaft wäre gefügt und gefestigt zwanzig Jahre später auf seinen Großneffen Octavian übergegangen. Kein Wunder, daß die römische Kaiserherrschaft auf Jahrhunderte wohlgegründet dastand! Jetzt stellen wir uns vor, Caesar wäre ermordet worden. Die senatorische Opposition erstarkt, Caesars Erben zerstritten, dazwischen der neunzehnjährige »Knabe«. *Puer* nennt ihn Brutus in seinen Briefen an Cicero verächtlich. Hätte soviel politisches Dynamit das Reich nicht sprengen müssen? Und doch ist das Prinzipat entstanden.

Die Geschichte ist immer Vorgeschichte von Dingen, die Wenige ahnen; die Zeitgenossen sind Zeugen von zukunftsmächtigen Anfängen, ohne es zu wissen. Was hätte Constantin gesagt, wenn ihm jemand prophezeit hätte, die Nachfolger derselben Frankenkönige, die er in der Arena von Trier den Löwen vorwarf, wären 150 Jahre später die mächtigsten Männer in Europa? Was hätte Justinian gesagt, wenn ihm jemand die Enkel seiner arabischen Kameltreiber als die neue politische und religiöse Weltmacht vorgestellt hätte? Was hätte Pietro Bernardone gesagt, wenn ihm jemand seinen Sohn Giovanni als künftigen Gründer der franziskanischen Bewegung bezeichnet hätte? Luther, Napoleon, Bismarck, Gandhi und Khomeini waren unbekannte Männer, bevor ihre Stunde schlug.

Kein Anfang ist von Anfang an ein Anfang. Nicht jede Geburt ist der Beginn eines Lebens; nicht jede Herausforderung der Beginn eines Konflikts; nicht jede Grundsteinlegung der Beginn einer Bauarbeit. Erst die erschienene Erscheinung macht im Rückblick ihren Ursprung zu einem solchen, erst das Resultat verleiht der Entwicklung ihre Tendenz. Bis dahin konkurrieren mehrere Richtungen miteinander, überwiegend verdeckt. Überraschungen, wie sie die Geschichte immer wieder bietet, müßten wir auch in unseren Gegengeschichten vorsehen. Das geht wohl, bloß können wir es nicht plausibel machen. Allzuviel ist möglich.

5.5

Die Potentiale einer Zeit lassen sich ermitteln, ihr Durchsetzungsvermögen jedoch ist schwer abzuschätzen. Selbst für die Vergangenheit ist das nur scheinbar möglich, indem wir, aus der Kenntnis des Resultats, der siegreichen Potenz den Erfolg in die Wiege gelegt glauben. Daß hier ein perspektivischer Irrtum vorwaltet, ergibt sich aus selbsterlebten Täuschungen. Ich entsinne mich: Als die Truppen der fünf harten Staaten des Warschauer Paktes am 20. August 1968 in die Tschechoslowakei einmarschierten, war die Welt schockiert, weil sie den Prager Frühling als Symptom der Humanisierung im gesamten Ostblock, als den Beginn eines Sommers wertete und alle früheren Zeugnisse für die weiche Linie in der kommunistischen Politik als Schwalben einer besseren Zukunft verstehen wollte. Diese Deutung wurde nun Lügen gestraft. Der Frühling erwies sich als Zwischeneiszeit. Die westliche Presse stellte jetzt die aus dem Bewußtsein verdrängten Belege für die harte Linie zusammen, und plötzlich war klar, daß man den Einmarsch eigentlich hätte erwarten müssen. Man fand die Schuld am Irrtum im eigenen Wunschdenken und hörte auf, sich zu wundern.

Die Umkehr brachte Gorbatschow. Jeder kannte die Mißwirtschaft und die Unzufriedenheit im Osten. Kaum jemand aber rechnete mit dem Zusammenbruch der Parteiherrschaft. Der Koloß verbarg seine tönernen Füße. Arnold Esch (FAZ. 14. Juli 1990) bekannte: Was kann man als Historiker von vergangenen Zeiten verstehen, wenn man als Zeitgenosse nicht einmal die gegenwärtigen Vorgänge begreift? Die Historie wolle uns nicht sehen lehren, sondern uns unsere Blindheit erkennen lassen. Seither tasten wir nach den Indizien, die das Ereignis angekündigt haben und eben dadurch eine Relevanz gewinnen, die sie zuvor nicht besaßen.

Historische Tatsachen stehen fest, so meinen wir, vergessen aber allzuleicht, wie sehr ihre Bedeutung sich ändern kann. Der Verlust meiner Geldbörse verliert an Gewicht, wenn mir am Tage danach das Haus abbrennt oder das große Los in den Briefkasten flattert. Ereignisse der Vergangenheit liegen nicht ein für alle Mal fest. Zwar ist ihre Substanz dauerhaft, indes schwankt ihr Charakterbild in der Geschichte. Das beruht keinesfalls auf den Wandlungen in der Parteien Gunst und Haß allein. Vielmehr spielt hier die Vergesellschaftung durch spätere Ereignisse mit. Denn diese ändern den Klang der Begriffe, womit auch die früheren Phänomene bezeichnet werden. Am 1. August 1914 hat das Wort »Krieg« seinen Sinn verändert, am 30. Januar 1933 das Wort »Volk«, am 13. August 1961 das Wort »Sozialismus«. Und so wie die Überraschungen der wirklichen Geschichte die Vergangenheit in anderem Licht erscheinen lassen, täten dies die

Wendungen einer angenommenen Geschichte nicht minder. Wir müßten nicht nur die Folgezeit, sondern auch die Vorgeschichte umdeuten.

5.51

Welch weitreichende Wirkung der Zufall nicht nur auf die ihm folgende, sondern ebenso auf die ihm vorausgegangene Zeit nehmen kann, lehrt das Todesdatum bedeutender Männer. Sobald wir ihrem Leben ein Stück hinzufügen oder abschneiden, verändert sich das Bild; das ungelebte wandelt das gelebte Leben. Angenommen, Graf Mirabeau wäre nicht bereits mit 42 Jahren gestorben, so eröffnen sich mehrere, recht konträre Fortsetzungen: Hätte er den König halten können? Hätte er sich an die Spitze der Jakobiner gestellt? Wäre er ein Opfer der Septembermorde geworden? Wäre er vor der Terreur ausgewichen und untergetaucht oder emigriert? Selbst eine Rolle als Gesandter Napoleons in Petersburg oder eines Außenministers an der Stelle von Talleyrand ist erwogen worden (Erdmannsdörffer 1900). Jede dieser möglichen Fortsetzungen hätte den Charakter seiner wirklichen Laufbahn umgeprägt.

Wo wir allzufrüh Abberufenen das Leben hypothetisch verlängern, stellt sich die Frage, wie wir die gewonnenen Jahre füllen. In der Regel realisieren wir dem Betroffenen seine unverwirklichten Wünsche. Wir schenken Alexander die Weltherrschaft, gestatten Kaiser Heinrich VI. die Festigung des Stauferreiches und lassen Napoleon nach seinem Sieg bei Belle Alliance 1815 als Friedenskaiser in einem bis zum Rhein und zum Tessin erweiterten Frankreich regieren (Trevelyan bei Squire 1932/72, 299ff.). So werden die Biographien von den Schatten überspannter Jugendpläne gereinigt.

Eine anders laufende Fortsetzung des abgebrochenen Lebens hätte entsprechend gegenteilige Rückwirkungen. Hätte Perikles die Pest überstanden und (wie wahrscheinlich) den Krieg gegen Sparta verloren, so wäre er als Verderber Athens in die Geschichte eingegangen, so wie Platon (Gorgias 519 A) ihn hinstellt. Hätte Caesar am Morgen des 15. März 44 v.Chr. Brutus verhaften und in eine Villa auf Lesbos verbannen lassen, so hätte dieser dort seine Memoiren schreiben und der Nachwelt beweisen können, daß er die Republik erneuert hätte, wäre sein Anschlag auf den Diktator nur gelungen. Caesar wäre, wie geplant, danach in den Partherkrieg gezogen. Wäre er dort, wie Crassus zuvor, gefallen, so wäre er als der unersättliche Eroberer und nicht als der weitblickende Staatsmann in die Annalen aufgenommen worden. Als solchen sah ihn Napoleon, der am 6. Oktober 1808 in Erfurt zu Goethe sagte: »Man müßte der Welt zeigen, wie Caesar sie beglückt haben würde, ... wenn man ihm Zeit gelassen hätte, seine hochsinnigen Pläne auszuführen«. Hätte Julianus Apostata länger gelebt, so hätte er vermutlich das Scheitern seiner heidenfreundlichen Politik erfahren und unser Mitgefühl verloren, das doch wesentlich an dem tragisch frühen Tode des Philosophenkaisers hängt. Perikles, Caesar und Julian sind jedenfalls im rechten Moment gestorben. Ebenso wurde auch Lincoln nur dadurch zum Märtyrer, daß er 1865 auf dem Höhepunkt seines Ruhmes ermordet wurde; jedes weitere Jahr hätte aufgrund der äußeren Schwierigkeiten sein Ansehen geschmälert (Waldman bei Squire 1932/72, 199ff.). Ein verlängertes Leben kann ein zweifelhaftes Geschenk sein.

Wenn wir die Lebensbahn eines bedeutenden Menschen dagegen verkürzen, ergeben sich ebenfalls widersprüchliche Folgen, je nachdem, welche Bedeutung die gekappten Jahre für das Lebensganze haben. Solchen Menschen, die ihren Ruhm überlebt und das Scheitern ihres Werkes erfahren haben, hätten wir einen früheren Tod gewünscht. Pompeius galt nach seinem glänzenden Aufstieg lange Jahre als der letzte mögliche Retter der Republik und hätte diesen Ruf mit ins Grab genommen, wäre ihm, wie Cicero (Tusculanen I 86) bemerkte, durch einen früheren Tod sein unwürdiges Ende erspart geblieben. Karl V. hatte seine ganze Kraft für das alte, katholische Reich eingesetzt und konnte sich schließlich weder gegen die Protestanten noch gegen die Landesfürsten durchsetzen. Der Kaiser resignierte und zog sich enttäuscht in seine Villa bei den Hieronymiten von Yuste zurück. Ein Tod als Sieger von Mühlberg – so hat ihn Tizian gemalt – hätte, wo nicht uns, so wenigstens ihm den Glauben an den schließlichen Erfolg seiner Ziele bewahrt.

Bei anderen Gestalten, die sich erst in späten Jahren entfaltet haben, hätte ein früherer Tod indessen ihren historischen Charakter verdunkelt. Gesetzt der Fall, Octavian wäre bald nach den Proskriptionen gestorben, so würde er von uns mit Milo und Clodius unter die catilinarischen Wüstlinge gezählt. Hätte sich Paulus vor Damaskus den Hals gebrochen, wäre er als Pharisäer und Christenverfolger in die Geschichte eingegangen. Gesetzt, Constantin wäre vor seiner

Vision an der Milvischen Brücke umgekommen, würden wir ihn als bloßen Usurpator abqualifizieren.

Hitlers Bild erschiene uns in jeweils anderem Lichte, wenn er, sagen wir, bei seinem Marsch auf die Feldherrenhalle oder nach der Machtergreifung oder beim Einzug in Wien oder vor der Einschließung Stalingrads oder am 20. Juli 1944 gestorben wäre. Wäre Hitler 1938 gestorben, so wäre er der Schöpfer des Großdeutschen Reiches geblieben. Daran hätte vermutlich nicht einmal ein von seinen Nachfolgern angezettelter Weltkrieg etwas geändert, selbst wenn dieser verloren gegangen wäre. Denn dann hätte man gesagt: Dem Führer wäre das nicht passiert! Ein Todesdatum vor 1938 würde mancher dem neidischen Schicksal zurechnen, ein baldiger Tod hernach jeder einem gnädigen.

Es ist nicht so, daß der Unterschied zwischen dem möglichen und dem wirklichen Charakterbild desto geringer wird, je näher das ungeschichtliche dem geschichtlichen Todesdatum rückt. Denn der Hitler von 1938 steht dem von 1944 in gewisser Weise ferner als dem von 1923. Die Differenz liegt aber nicht im Inneren, sondern im Äußeren: in seinen letzten Jahren stand ihm die Todesmaschinerie zu Gebote. Die Schande, die er 1944 auf sich und seine Anhänger geladen hat, war größer als der Ruhm, den er 1938 gewonnen hatte. Hitler war auch in dem Sinne totalitär, daß er immer aufs Ganze ging – ein Spieler, der stets den gesamten Einsatz riskierte, dabei Ungeahntes gewann und Ungeheures verlor. Mit jedem Wurf stand alles auf dem Spiel – bis zum militärischen, politischen und moralischen Bankrott. Für den Nachruhm eines Staatsmannes ist kein Zufall wichtiger als der seines Todes. Ein anderer Tod – ein anderer Mensch.

5.6

Aulus Gellius überliefert in seinen »Attischen Nächten« (XII 11, 7) das Wort eines unbekannten alten Dichters *veritatem temporis filiam esse*. Das Wort von der Wahrheit als Tochter der Zeit ist doppeldeutig. Ursprünglich, und so noch bei Machiavelli, besagt es: Die Wahrheit kommt erst im Laufe der Zeit ans Licht. Später aber, uns so schon bei Leonardo, las man es: Jede Zeit hat ihre eigene Wahrheit (Demandt 1974, 19). Beide Deutungen enthalten eine Wahrheit über die Wahrheit, sind aber schwer zu vereinbaren. Gibt es *eine* Zeit und *eine* Wahrheit oder *viele* Zeiten und *viele* Wahrheiten? Beides! Die Relativität der Wahrheit ist eine Erfahrung, der wir schwer ausweichen können. Die Absolutheit der Wahrheit hingegen ist ein Anspruch, den wir nicht aufgeben dürfen, zumal auch er durch Erfahrung gestützt wird. Trotz allem Auf und Ab und Hin und Her wächst unser historisches Wissen. Nach und nach entpuppen sich die Wesensmerkmale einer Epoche. Die Zeitgenossen selbst ahnen oft nicht, wo die Potentiale schlummern. Obschon wir die Richtkräfte der Gegenwart besser kennen sollten als die der Vergangenheit, ist es schwer, die Zukunft einzuschätzen: wird der von Orwell für 1984 angekündigte Überwachungsstaat perfektioniert? Wird Europa sich politisch zusammenschließen? Wird die Bedrohung der Umwelt abgewendet werden? Wird das Bevölkerungswachstum gebremst, das Energieproblem gelöst, der Hunger überwunden?

5.7
Die Schwierigkeiten in der Begründung vergangener Möglichkeiten entspringen und entsprechen den Schwierigkeiten genuin historischer Erkenntnis. Die erreichbare Plausibilität hypothetischer Konsequenzen kann nicht höher sein als die Stringenz wirklicher Entwicklungen. Die Grenzen der Erklärbarkeit von Geschichte sind zugleich die Grenzen der Begründbarkeit von Alternativen. Dieses Ergebnis könnte dem Gegner unseres Gedankenspiels wenigstens den dritten Einwand (s.o.) bestätigen: Wenn es in der wirklichen Geschichte keine Logik gibt, dann ist sie in der hypothetischen Geschichte erst recht nicht zu erwarten. Dann regiert dort der Zufall, hier die Phantasie.

Der dritte Einwand bleibt mithin bestehen, sofern wir annehmen, daß nicht nur die denkbare, sondern schon die tatsächliche Ereignisfolge ungereimt und unberechenbar ist, weil nichts sich wiederholt. Dann freilich müssen wir auf Verständnisversuche, Kausalverkettungen, Werturteile und Wahrscheinlichkeitsaussagen über vergangenes und künftiges Geschehen verzichten. Ohne Voraussicht hat Vorsicht keinen Sinn. Lernen aus der Geschichte wäre die Kunst, solche Gefahren zu meiden, die sowieso nie wieder auftreten. Mit dem Gottvertrauen Luthers müßten wir, wie der Reformator am 1. August 1521 an Melanchthon, den Obrigkeiten zurufen: *peccate fortiter!* Das kann man historisch damit begründen, daß so wie jedes Geschehen nur sich selber gleicht, wir auch niemals alte Fehler wiederholen, sondern immer nur neue begehen.

Die selbstkritische Rigorosität einer solchen Haltung verdient Respekt, weil sie sich nicht über die Absurditäten des Geschehens hinwegmogelt. Dennoch ist es schwer, in ihr zu verharren, angesichts der praktischen Folgen und der theoretischen Voraussetzungen, die mit ihr verbunden sind. Ihre Folge wäre eine empfindliche Lockerung der Verbindung zwischen Geschichtswissenschaft und Leben. Ohne den Glauben an einsehbare Sinnaussagen und verwendbare Erfahrungen ist die Historie ein Glasperlenspiel, dessen soziale Kosten schwer zu rechtfertigen wären. Wer es trotzdem betreibt, begibt sich in die ironische Existenz einer Als-Obposition. Sie ist insoweit unehrlich, als die Abstrusität des Wirklichen nur erkannt wird vor dem Hintergrund eines Gegenbildes, einer Vorstellung davon, wie die Geschichte denn anders aussehen sollte. Das ist der Erkenntnisgewinn des Blickpunktwechsels in Toynbees Alexander-Phantasmagorie (s.o.), wenn er die wirkliche Geschichte aus der Sicht der wünschenswerten betrachtet. Beide zeigen in gleichem Maße, aber auf verschiedene Weise absurde Züge: die ersonnene Geschichte vom Standpunkt des Wahrscheinlichen, die geschehene Geschichte vom Standpunkt der Vernunft.

6. Einsichten

Geschichte ist eine Sammlung von Tatsachen, die vermeidbar gewesen wären.

Lec

Daß »Fragen, welche wir nicht, oder nicht sicher beantworten können, um deswillen schon »müßige« Fragen seien«, hat Max Weber (1906/68, 266) mit Grund bestritten. »Es stände übel auch um die empirische Wissenschaft«, fährt er fort, »wenn jene höchsten Probleme, auf welche sie keine Antwort gibt, niemals aufgeworfen worden wären«. Gewiß sind Fragen nach vergangenen Möglichkeiten keine höchsten Probleme, dennoch eröffnen sie Einsichten. Sie befreien uns von der Fixierung auf die Fakten und erweitern den Kreis der Dinge, die wir bedenken.

Die im Kampf ums Wirklichwerden siegreiche Sache kann mitnichten allein unsere Aufmerksamkeit in Anspruch nehmen, auch die unterlegene verdient unsere Aufmerksamkeit. *Victrix causa Diis placuit, sed victa Catoni,* wir könnten auch lesen: *Lucano* oder noch besser *Lucanis,* Leuten wie Lukan (Phars. I 128), der es hier keinesfalls mit den Göttern hielt. Darum erlaubte Sir Winston (1933, 247) der Phantasie, ihre eigene Walhalla zu bauen: *Imagination may build Valhallas, in which lost causes reign in airy serenity over brighter and better worlds than that, in which we toil and blunder.*

Die Schwierigkeiten in der Konstruktion hypothetischen Geschehens machen uns aufmerksam auf Schwierigkeiten bei der Rekonstruktion realen Geschehens. Letztere liegen ersteren zugrunde. Dieses Ergebnis hat eine negative und eine positive Seite.

6.1

Die negative Seite liegt in den Grenzen, an die wir bei unserem Gedankenspiel stoßen. Erst schaffen wir für Fiktivgeschichte Raum, indem wir Realgeschichte ausradieren. Dann machen wir uns an die Konstruktion, fragen nach Plausibilitäten und orientieren uns dabei an den Spuren jener Linien, die wir doch gerade beseitigen wollten.

Nehmen wir an, die Perser hätten bei Marathon gesiegt, so wäre unsere Folgerung desto vorsichtiger, je bescheidenere Konsequenzen wir daran knüpften. Das führte zur Annahme, daß sich am weiteren Verlauf wenig geändert hätte, weil die Perser binnen kurzem durch einen Aufstand aus Hellas herausgeschlagen worden wären. Am Rang der Schlacht bei Marathon ändert das wenig, ohne sie hätten wir keine Vorstellung von einem möglichen Ersatz-Marathon. Entsprechend wird der Ersatz-Napoleon nach dem wirklichen Mann, der Ersatz-Anlaß für Serajewo gemäß dem tatsächlichen Vorfall konstruiert. Das Original bestimmt das Substitut. Die Bedeutung des Ereignisses verlagert sich vom Realgrund auf den Erkenntnisgrund.

Von der wirklichen Geschichte läßt sich, solange wir argumentieren, nicht absehen. Zwei Gründe verhindern das. Zum einen sind die spezifischen Situationen, die wir als Zweigstellen wählen, aus sich selbst heraus nicht völlig verständlich. Die ihnen innewohnenden Kräfte offenbaren sich erst in der Nachgeschichte, die wir darum nicht abschneiden können. Zum anderen müssen wir die in der realen Geschichte ganz allgemein zu beobachtende Sequenz von Schaltpunkten mit der jeweils erneuten Frage: »Wie weiter?« auch für die alternative Geschichte annehmen, sofern wir auf Plausibilität aus sind. Sobald wir uns ins wegelose Niemandsland der Ungeschichte begeben, indem wir da, wo die Dinge nach links gelaufen sind, sie nach rechts laufen lassen, müssen wir an der nächstfolgenden Gabelung überlegen, wie sich die Plausibilitäten durch unseren Eingriff verändert haben. Setzt sich aufgrund der *vis inertiae* der Rechtsdrall fort, oder hat sich damit die Wahrscheinlichkeit einer Gegenbewegung erhöht? Diese Frage hat Toynbee in seiner Alexandervision ausgeklammert. Um sie zu beantworten, müssen wir die allgemeine Struktur von Ereignisfolgen zu erfassen suchen.

Die Argumente für Möglichkeit und Wahrscheinlichkeit des Unwirklichen können wir nur der Wirklichkeit entnehmen. Dabei entsteht eine Schere: Je weiter uns die Phantasie von der Bahn der Ereignisfolge abführt, desto weniger hat das Vorgestellte für sich. Die Alternativen werden unglaubwürdig. Und je höhere Wahrscheinlichkeit wir anstreben, desto enger müssen wir uns an den wirklichen Gang der Dinge klammern. Unsere Alternativen werden belanglos.

6.2

Die positive Seite des Resultats ist, daß der Historiker damit auf die tatsächliche Geschichte zurückverwiesen wird. *Il revient à ses moutons.* Die Zeitreihe der Entscheidungssituationen verleiht der Geschichte eine Knotenstruktur. Eine Weile geht es glatt, dann kommt ein Knoten, eine Wende. »Denn nicht mit der Länge der Zeit pflegen sich die Dinge neu zu gestalten. Alles entspringt in den Momenten großer Krisen« (Ranke).

Bismarck bemerkte einmal, daß in fast jedem Jahrhundert ein großer Krieg gewesen sei, der die deutsche Normaluhr richtig gestellt habe (Demandt 1978, 163). Tauwetterphasen bringen die Dinge wieder in Fluß. Ein Herrschaftswechsel, ein Interregnum, eine Naturkatastrophe bewirkt eine solche Nullzeit, in der die Weichen neu gestellt, die Karten neu gemischt werden.

6.3

So erscheint die Geschichte als die Diagonale in einem Kräfteparallelogramm, eine Mittellinie, auf die sich die gegenläufigen Kräfte einpendeln. Jedem Ausschlagen nach der einen Seite folgt ein Ausschlagen nach der anderen. Die Geschichte bewegt sich im Zickzack weiter, indem sie sozusagen dauernd ihre eigenen Irrtümer korrigiert, dabei über das Ziel hinausschießend neue begeht und sich so in Gang hält. Strudel und Strömung verbinden sich zu einer Art Fließgleichgewicht.

6.4

Das Modell des Fließgleichgewichts koordiniert die unterschiedlichen Grade an Normalität in der Ereignisfolge. So verdeutlicht es den Zusammenhang zwischen Tendenz und Kontingenz oder zwischen Regel und Zufall und erhellt damit die unterschiedlichen Determinationsgrade im Geschehen. Tendenzkonforme Ereignisse liegen in der Stromrichtung der Vor- und Nachgeschichte, regelhafte entsprechen einem Verlaufstyp. Beide besaßen einen hohen Grad von Wahrscheinlichkeit, weswegen weit abführende Alternativen zu ihnen schwer vorstellbar sind. Zufällige Ereignisse sind nicht vorhersehbar und eröffnen momentan die Aussicht auf unerwartete Möglichkeiten, die aber oft durch den Fortgang abgeblockt werden. Regel und Zufall beziehen sich häufiger auf Teilaspekte an Ereignissen als auf diese als ganze, lassen sich an ihnen aber besser demonstrieren.

6.41

Um den Einfluß des Zufalls auf die Geschichte nicht zu überschätzen, sollten wir uns die Folgen unerwarteter Todesfälle vergegenwärtigen. Gerne knüpfen sich kühne Spekulationen an ein vorzeitiges Ende oder ein gelungenes Attentat, durch das wir beispielshalber Napoleon, Bismarck oder Hitler aus der Geschichte streichen und damit viel von dem, was wir ihnen zurechnen. Betrachten wir aber die erfolgreichen Attentate, so erstaunen wir, wie wenig sie am großen Gang der Dinge geändert haben: Hipparch 510, Caesar 44 v.Chr., Marat 1793, Kotzebue 1819, Rathenau 1922, Sadat 1981 – das durch sie repräsentierte System überdauerte (Demandt 1996). Wo ein Zufall weitreichende Wirkungen erzielt, ist eben dies kein Zufall.

6.5

Anzeichen für wahrscheinliches Geschehen liefert die Erfahrung. Sie beruht darauf, daß sich Ereignisfolgen in ähnlicher Form zu wiederholen pflegen, häufig Regelcharakter, mitunter Gesetzlichkeit aufweisen. Angesichts der nie ganz überschaubaren Rahmenbedingungen, die sich von Fall zu Fall ändern, wäre es töricht, sich vorbehaltlos auf die Wiederholung des Resultats zu verlassen; doch wäre es sträflich, bewährte Erfahrungen zu unterschätzen. Alexander entnahm der Kriegsgeschichte, daß die Griechen den Persern im Felde überlegen waren; Caesar sah ganz richtig, daß das Imperium Romanum so wie die orientalischen und hellenistischen Großreiche eine monarchische Spitze benötigte. Keiner von beiden freilich ahnte seinen plötzlichen Tod.

6.51

Neben der Vorgeschichte kann auch die Nachgeschichte als Beleg für Determiniertheit dienen. Dies lehren Beispiele wiederholten Mißerfolges. Das Scheitern des Zweiten attischen Seebundes 355 v.Chr. bestätigt das des ersten 404. Hier lag offenbar ein politischer Konstruktionsfehler vor. Roms Siege im zweiten und dritten punischen Krieg mindern nachträglich die Erfolgsaussichten der Karthager im ersten. Diese haben offenbar das Kräfteverhältnis falsch eingeschätzt

Die Kreuzzüge haben trotz wiederholter Anstrengung die heiligen Stätten nicht dauerhaft unter christliche Herrschaft bringen können; die ideologische Fixierung und die Hoffnung auf Nebenerfolge haben verhindert, daß man aus der Geschichte gelernt hat. Im Zerfall des Staates Karls des Kühnen wiederholt sich das Auseinanderbrechen des Zwischenreiches Lothars I.; hier standen anscheinend geopolitische Konstanten im Wege. Die lange Kette kirchlicher Selbstreform im späten Mittelalter demonstriert die Unfähigkeit einer Erneuerung des Katholizismus aus sich selbst. Napoleons Niederlage bei Waterloo bestätigt die bei Leipzig und in Moskau. Jeweils zeigt der bei der Wiederholung ähnliche Ausgang die geringen Chancen einer früheren Alternative.

Mißerfolge sind hoch determiniert, wenn sie abebbende Bewegungen stillstellen. Die Niederlage der Römer im Teutoburger Wald, der Mißerfolg der Ungarn auf dem Lechfelde und das Scheitern der Türken vor Wien wird man hierher rechnen. Irgendwo und irgendwann findet jede militärische Expansion ihr Ende. Um das einzusehen, bedarf es nicht unbedingt des Lehrgeldes einer Niederlage. Alexander ist am Hyphasis zwar nicht freiwillig, aber doch ungeschlagen umgekehrt. Die Meuterei seines Heeres hat ihm eine Beresina, ein Stalingrad erspart. Die Schlachten auf den Katalaunischen Feldern 451 und bei Tours und Poitiers 732 waren taktisch unentschieden, die Schlacht bei Liegnitz 1241 war sogar ein mongolischer Sieg – und dennoch haben sich die Hunnen, Araber und Tataren zurückgezogen. Nur seine Gicht habe Beiasid I. daran gehindert, meinte Gibbon (ch. 64), seine Rosse in Sankt Peter zu füttern, wie der Sultan nach seinem Sieg über das Kreuzheer der Ungarn am 25. September 1396 bei Nikopolis geschworen hatte. Aber wie hätte er den Nachschub gesichert? Je weiter sich ein Machtbereich ausdehnt, desto schwieriger wird der Verkehr, desto dünner wird die herrschende Schicht, desto zerbrechlicher die Macht.

6.52

Das Gegenbild zu dieser Beispielreihe wäre der nach vergeblichen Anläufen schließlich doch eingetretene Erfolg. So ist die attische Demokratie noch nicht unter Solon, sondern erst unter Kleisthenes verwirklicht worden, die Begründung der römischen Monarchie nicht Catilina, nicht Caesar, sondern erst Augustus gelungen. In einer langen Folge von Angriffen haben die Germanen das weströmische, die Türken das oströmische Reich zum Einsturz gebracht. Die Abschaffung der Leibeigenschaft, der Adelsprivilegien und der Sklaverei bedurfte zahlreicher Bemühungen.

In allen diesen Fällen gab es vermutlich Leute, die vor dem letzten, erfolgreichen Versuch angesichts der vergangenen Fehlschläge sich auf die »Lehren der Geschichte« beriefen und resignierten. Wenn die Wiederholung eines einmal gescheiterten Versuchs diskutiert wird, kann nur die vergleichende Lagebeurteilung entscheiden, ob sich die Erfolgsaussichten gebessert haben oder nicht. Eine nüchterne Situationsanalyse müßte imstande sein, auch vor dem Endergebnis festzustellen, ob die Kette bisheriger erfolgloser Versuche eine absteigende oder eine aufsteigende Linie ergibt.

6.53

Das Auf und Ab der politischen Mächte verkörpert einen in der Geschichte geläufigen Tendenztyp. Überall da, wo eine sich ausdehnende Sache im Wettbewerb mit anderen steht, ist zu erwarten, daß die Entwicklung irgendwann umkippt, weil Erfolge den Erfolgreichen nur eine Weile ermuntern, ihn dann aber zu ermüden pflegen. Das klassische Dekadenzmodell der antiken Geschichtsphilosophen beruht auf dieser Erfahrung. Innere Stärke in einfachen Lebensumständen bewirkt äußeren Erfolg, Macht führt zu Reichtum und Sorglosigkeit und endet in äußerer Schwäche (Demandt 1972). Im Bereich der Kunst gründet die vergleichbare Zyklik auf der Begrenztheit der Formelemente. Die Vasenmalerei im klassischen Athen, der romanischgotische Kirchenbau, die symphonische Instrumentalmusik, diese Künste sind irgendwann in ihren formalen Möglichkeiten erschöpft und enden in hybriden, sentimentalen oder bizarren Spätstufen.

Aus diesem Grund sind Tendenzprognosen immer nur kurzfristig sinnvoll. Andernfalls hätte man kurz vor der Peripetie genau ausrechnen können, wann das römische Reich die Grenzen der Alten Welt erreicht hätte, wann der letzte Erdenbewohner zum Christentum übergetreten wäre, wann die europäischen Kolonialmächte die ganze Erde unter sich aufgeteilt hätten. Es ist aber dafür gesorgt, daß die Bäume nicht in den Himmel wachsen.

6.54

Wenn eine Entwicklung zum Stillstand gekommen ist und wir nach der plausibelsten Alternative zu ihrem wirklichen Endpunkt suchen, so werden wir sie in dessen engstem Umfeld ansiedeln. Auch bei einem anhaltenden Erfolg der expandierenden Macht erscheint ein weiteres Vordringen nur um wenige Tagesmärsche plausibel. Dagegen hätte die Wende auch um einiges früher schon einsetzen können. Oft läßt sich ein Ereignis mit ebenso guten Gründen wie etwas später auch etwas früher für möglich erachten. Der letzte weströmische Kaiser mußte nicht 476 von Odoakar abgesetzt werden, er hätte auch zwanzig Jahre später durch Theoderich oder zwanzig Jahre früher durch Rikimer beseitigt werden können. In solchen Fällen nimmt das reale Datum jene Mittelstellung ein, die innere Wahrscheinlichkeit verheißt.

Mittellösungen wird man auch sonst eine hohe Determination zumessen. Das augusteische Prinzipat ist ein Kompromiß zwischen der republikanisch-senatorischen Tradition des Westens und dem orientalisch-hellenistischen Gottkönigtum des Ostens. Das Kaisertum Ottos d.Gr. verband Elemente des römisch-karolingischen Großreiches mit sächsisch-deutschem Königtum. Bismarcks kleindeutsche Lösung hält die Mitte zwischen dem großdeutschen Reich und dem handlungsunfähigen Deutschen Bund mit seinen 39 souveränen Staaten. Der gegenwärtige deutsche Zustand liegt irgendwo, vielleicht genau mitten zwischen dem 1945 erloschenen Großdeutschland und der anschließenden Situation – der Teilung. Mit der Wiedervereinigung hat sich, nach dem Worte Gorbatschows, die Geschichte selbst korrigiert.

6.6

Auf der Gegenseite stehen jene Ereignisse, die einen geringen Grad an Vorhersehbarkeit aufweisen, die überraschend eintreten, eine spontane Chance nutzen, aber im großen Gefüge der Mächte und Entwicklungen als Störfaktoren wieder beseitigt werden, sei es vorübergehend, sei es endgültig. Die Reformversuche eines Arnold von Brescia, eines Rienzo, eines Savonarola hätten für einen Erfolg andere Rahmenbedingungen erfordert. Es sind Vorfälle, die isoliert bleiben, zu früh oder zu spät eintreten, die einseitig nach dieser oder jener Richtung ausgelastet sind und darum einen gegenläufigen Pendelschlag auslösen.

Bestimmte Ereignisfolgen wiederholen sich. Seit dem platonischen Verfassungskreislauf kennt man die regelhafte Ausmündung der Anarchie in die Tyrannei. Dieses Gesetz ist seitdem wieder und wieder bestätigt worden, indem die Unordnung den Ordnungsbringer herbeiruft. Die spätrepublikanischen Bürgerkriege schlugen um in das Prinzipat des Augustus, die Französische Revolution in die Herrschaft Napoleons, die Russische Revolution führte zu Stalin, die deutsche zu Hitler, die chinesische zu Mao. Jeweils dürfen wir vermuten, daß der starke Mann nicht erschienen wäre, hätte sich die Bewegung zuvor nicht überschlagen.

Derartige Kurskorrekturen erleben auch Anfangserfolge untauglicher Unternehmen vom Typus Strohfeuer. Beispiele dafür kennen wir namentlich aus der Kriegsgeschichte. Die Siege von Attila, Dschingis-Chan und Timur ließen anfänglich die Möglichkeiten einer neuen Weltmacht aufleuchten, um dann in sich zusammenzusinken.

Die Revision durch die spätere Entwicklung muß nicht so radikal sein, wie in den genannten Beispielen, doch scheint sie in gewissem Grade auch anderswo aufzeigbar. Dem Triumph des Christentums über das Heidentum folgte eine weitgehende Umwandlung und Anpassung des neuen Glaubens an die alte Welt. Das abgelehnte Gottkaisertum kehrte wieder in der Form des byzantinischen Caesaropapismus, der bekämpfte Polytheismus in der Form lokaler Heiligenkulte, die verworfenen Götterbilder in der Form von Bilderverehrung – um von weiterlebender Zauberei, von Weissagung, Opfertätigkeit usw. zu schweigen. Der Sozialismus in Rußland bezahlte seinen Sieg über das zaristische System mit der Übernahme zahlreicher, ursprünglich abgelehnter Traditionen: Die innere Herrschaft blieb bei der »Nomenklatura«, einer ethnisch, familiär und ideologisch abgegrenzten Minderheit; Polizei und Korruption, Zensur und Straflager gibt es wie zuvor; der außenpolitische Führungsanspruch ward militant verfochten wie einst unter dem Zaren.

Angenommen, die christliche und sozialistische Bewegung wären in ihrer Frühphase erstickt worden und wir überlegten heute, wie die Welt aussähe, wenn sie sich durchgesetzt hätten. Müßten wir dann nicht aufgrund der Programmschriften folgern, daß sich eine klassenlose Gesellschaft der Eintracht und Brüderlichkeit verwirklicht hätte? Dem Christentum und dem Sozialismus erging es nach der jeweiligen Machtübernahme so wie dem russischen Wolf des Herrn von Münchhausen. Der Wolf sprang über den Schlitten, fraß das Pferd und hing nun selbst im Geschirr.

6.7

Wenn sich stark und schwach determinierte Ereignisse in der jüngeren Vergangenheit unterscheiden ließen, könnten wir Prognosen wagen. Das aber ist schwierig, weil einander ausschließende Zustände sich oft jeweils auf Ahnenreihen historischer Vorbilder berufen und damit als die Erfüllung langer Entwicklungen darbieten. Diese Situation liegt gewöhnlich da vor, wo Geschichte als Argument bemüht wird. In der Kontroverse um die Legitimität der römischen Monarchie haben nicht nur die Republikaner, sondern auch die Cäsarianer an die Geschichte appelliert. Das bezeugt das Statuenprogramm, das Augustus auf seinem Forum realisiert hat (Zanker 1972). Im Streit um die Anerkennung des Christentums wurde durch Constantin, Eusebios und Augustinus großer Wert darauf gelegt, den christlichen Glauben in der Vergangenheit zu verankern und gegen den Vorwurf einer Neuerung abzusichern.

Auch in der Gegenwart ist jeder Griff nach der Zukunft zugleich ein Griff nach der Geschichte. Mussolini und Hitler haben sich als Hüter bestimmter Traditionen verstanden. Sie glaubten zu erfüllen, was die Geschichte versprochen hätte. Dieselbe deutsche Vergangenheit erschien in der DDR als eine Sprossenfolge hinauf zum Arbeiter- und Bauernstaat, in der Bundesrepublik als ein Zickzack-Marsch auf die parlamentarische Demokratie zu. Der historische Materialismus entwickelt den Kommunismus aus einer Theorie der Weltgeschichte, die demokratische Ideologie des Westens begreift sich als Stufe einer universalen Fortschritts- und Aufklärungsbewegung. Der Glaube, die eigene Position sei durch die Vergangenheit legitimiert, übersieht das gleichartige Selbstverständnis des jeweiligen Gegenglaubens.

6.71

Die prognostische Brauchbarkeit des Fließgleichgewichts ließe sich an der Geschichte der deutschen Frage abhandeln. Zielt die historische Entwicklung auf eine Einigung oder eine Teilung Deutschlands? In den oben besprochenen Bifurkationen erschien die deutsche Einheit mehrfach unter den versäumten oder gefährdeten Möglichkeiten. So beim Tode Heinrichs VI., im deutschen Bauernkrieg, beim Ansatz Preußens zur Großmachtpolitik 1740, bei der Kaiserkrone der Paulskirche und bei den gescheiterten Attentaten auf Hitler 1938. Das wirft die Frage auf, ob die Geschichte den deutschen Patrioten zur Hoffnung oder zur Resignation Anlaß gibt.

Das Problem erwächst aus der Tatsache, daß Mitteleuropa, geographisch betrachtet, ein Interessengebiet der Randmächte darstellt, deren Machtansprüche sich hier begegnen und überschneiden. Ethnisch gesehen aber wird Mitteleuropa von einem großen Volk gleicher Sprache und Kultur bewohnt, das, wenn es einig ist oder gar mit einer der Nachbarmächte im Bunde lebt, eine Bedrohung der anderen Randmächte darstellt.

Das früheste Zeugnis für ein gemeingermanisches Zusammengehörigkeitsgefühl überliefert Tacitus (Germ. 2,3) in dem Abstammungsmythus von Tvisto, seinem Sohn Mannus und dessen drei Söhnen. Die Einigkeit freilich ist brüchig. Zu allen Zeiten waren Deutsche bereit, sich im Dienst fremder Mächte zu verbluten. Geradezu prophetische Symbolik bietet jenes Streitgespräch, das Arminius mit seinem romhörigen Bruder Flavus über die Weser hinweg geführt hat (Tacitus ann. II 9). Flavus pries Macht, Reichtum und Milde der Römer, Arminius berief sich auf Ehre, Freiheit, Vaterland. Er betonte, daß die Mutter auf seiner Seite stehe. Arminius gelang es, die römische Drohung abzuwehren, aber er unterlag im germanischen Intrigenspiel, als er 37jährig von den Seinen umgebracht wurde. In Arminius ist das deutsche Dilemma vorgestaltet: der Gedanke der nationalen Einheit im doppelten Konflikt mit den von außen gesteuerten Großraumordnungen und den im inneren auseinanderstrebenden Einzelinteressen.

Die politische Geschichte des Mittelalters zeigt ein ewiges Gezerre zwischen Fürsten und Fürsten, Fürsten und Städten, Fürsten und Kaisern, Kaisern und Päpsten. Seit dem nationalen Aufschwung in der Reformation hat Deutschland in Kriegszeiten regelmäßig als Schlachtfeld für fremde Truppen gedient. Das begann mit den spanischen Soldaten Karls V. im Schmalkaldischen Krieg, wiederholte sich im Dreißigjährigen Krieg, im Spanischen Erbfolgekrieg, im Siebenjährigen Krieg und in den Befreiungskriegen. Jean Paul (III 126) führte unter den Ursachen der deutschen »Selbstkälte« an, daß Deutschland der »Turnierplatz und Fechtboden auswärtiger Krieger, gleichsam das Elis aller fremden olympischen Kriegsspiele« sei.

Die Wohnstatt der Deutschen »auf der langen Völkerbrücke« (a.O. 133) beschert uns den dauernden versteckten Mehrfrontenkrieg und den Randmächten die latente, permanente Bedrohung. Donoso Cortés hat 1849 darum die Einigung Deutschlands als eine »demokratische Illusion« abgetan, die eine Kriegsgefahr für alle Anrainer bedeute und darum von England, Frankreich und Rußland nicht zugelassen werden dürfe (Schmitt 1927/50, 48f.). Angesichts dessen müßte Deutschland sich mit wenigstens *einem* Nachbarn dauerhaft verständigen. Mit wem?

Wer die Bedeutung der vier Himmelsrichtungen in der deutschen Geschichte untersucht, findet nur drei Magnetfelder. Mit dem Norden sympathisieren protestantisch-germanisch gesinnte Kreise. Weil aber die Katholiken hier nicht mithalten und weil der Norden seit Karl XII. keine Macht mehr darstellt, bringt eine Anlehnung an den Norden wenig politische Vorteile. Mit dem Süden liebäugeln katholische und humanistische Kreise. Einen militärischen Wert hat aber auch diese Bindung nicht. Der Westen ist die Blickrichtung von Aufklärern und Demokraten. Europa ist etymologisch das »West-Land«, von Asien her gesehen. Darum ist »West-Europa« eigentlich eine Tautologie. Der Westen ist das Europa Europas. Er bietet uns als Bündner politische und kulturelle Gemeinsamkeiten und gewährt militärisch Schutz.

Sympathisanten mit dem Osten waren vor 1917 dynastisch, nach 1917 politisch motiviert und bleiben im übrigen individuell. Osten ist als Reiserichtung nicht populär. Von wenigen Romantikern abgesehen, war keine der großen deutschen Geistesbewegungen nach Osten »orientiert«. Die slawische Welt war kulturell allzeit der überwiegend nehmende Teil. Über die ganze Breite gesehen, spiegelt sich das west-östliche Kulturgefälle in der Fremdsprachenkenntnis und in der Industriespionage. Nur *eine* Sternstunde hatte der Osten in der deutschen Geschichte: Tauroggen 1812. Als Bündner beim Kampf gegen Napoleon und dessen *Empire d'Occident* waren die Russen in Deutschland willkommen. Indem die Sympathie für Frankreich sank, stieg die zu Rußland. »Ich bin für Rußland«, sagt Fontanes Stechlin. Die Slawen erschienen für Ernst Moritz Arndt als unverdorbenes Urvolk, Ernst von Lasaulx schätzte ihre ungebrochene Religiosität.

Der aus den Befreiungskriegen erwachsene Nationalrausch vernebelte den Blick. Napoleon hat die politische Windrose verwirrt. Nur einige Köpfe blieben hier klar: Goethe bestritt 1813 im Gespräch mit Luden, daß es ein Vorteil sei, nun statt der Franzosen die Kosaken, Baschkiren und Kroaten im Lande zu haben. Und Marx schrieb 1856/57 »Über den asiatischen Ursprung der russischen Despotie«, die Wiege Moskaus stünde im »blutigen Schlamme mongolischer Sklaverei« (Marx 1977, 81).

Diesen sehr ungleichen Anziehungskräften zum Trotz haben sich die Deutschen bis vor kurzem für das Volk der Mitte gehalten und zu balancieren versucht. Angesichts einer allseitigen Begehrlichkeit war das schwierig. Als Bismarck 1874 Deutschland für »saturiert« erklärte, sprach er nicht in aller Namen. Tatsächlich hat Deutschland mit seinen Zielen im Ersten Weltkrieg über die Einheit hinausgegriffen. Man fühlt sich an Tacitus (hist. II 38, 1) erinnert: *vetus ac iam pridem insita mortalibus potentiae cupido cum imperii magnitudine adolevit erupitque, nam rebus modicis aequalitas facile habebatur.*

So wie viele seiner Landsleute sah Max Weber (1916/58, 170f.) die sittliche Verpflichtung des deutschen »Machtstaates« in der Aufgabe, eine Halbierung der Welt durch die »angelsächsische Konvention und die russische Bürokratie« zu verhindern. Ihm schwebte ein zentraleuropäischer Staatenbund von Deutschland, Österreich, Ungarn und Polen vor. Ein solcher Traum hätte vielleicht Chancen gehabt, wenn Friedrich d.Gr. Maria Theresia geheiratet hätte. Die Spannungen zwischen Protestanten und Katholiken, zwischen Preußen und Österreich im Geiste der Aufklärung überwunden, Mittel- und Südosteuropa vereint, der Nationalismus gegenstandslos, die äußere Sicherheit gewährleistet – für einen solchen Optativ war es 1916 zu spät. Die Sieger von Versailles haben das Machtkalkül über die Selbstbestimmung gesetzt und die 1918 in Wien und Berlin einhellig beschlossene Vereinigung Deutsch-Österreichs mit dem Reich untersagt.

Eine völlig andere Außenpolitik als Max Weber verfocht Hitler (1924/39, 153ff.) in Landsberg. Anstelle eines zentraleuropäischen Bundes unter deutscher Führung forderte er einen rein deutschen Nationalstaat, der sich zwischen Ost und West zu entscheiden hätte. Entweder müsse Deutschland Industriemacht werden, sich mit dem agrarischen Rußland befreunden und die ökonomisch-politische

Konkurrenz zum Westen in Kauf nehmen, oder aber auf die Land-
wirtschaft setzen, Raum vom Osten fordern und sich mit den Westmächten gutstellen. Hitler selbst plädierte für diese zweite Lösung.
Das wilhelminische Deutschland, so schrieb er 1924, hätte seine
Kolonial- und Flottenpolitik samt und sonders aufgeben und das
Bündnis mit England und Amerika suchen müssen. Dafür »durfte
dann aber kein Opfer zu groß sein«. Hätte man das getan, »es wäre
niemals zu einem ›Weltkriege‹ gekommen« (Mein Kampf 1939, 155).

Hitler selbst hat seine Einsicht *cum imperii magnitudine* verloren. Seine im größeren Stil wiederholte Machtpolitik endete in einem entsprechend tieferen Sturz, in der Dreiteilung Großdeutsch-
lands. Die von Max Weber 1916 befürchtete Alternative, Deutschland könnte in Satellitenstaaten der Ost- und Westmächte gespalten
werden, ist mit der Querschnittslähmung von 1945 eingetreten. Fremde Soldaten standen fortan nicht nur in Kriegszeiten, sondern auch
im Frieden auf deutschem Boden. Die Annahme, daß dies durch
Hitlers Tod 1938 zu vermeiden gewesen wäre, setzt voraus, daß andere Staatsführer der Versuchung einer *cupido potentiae* widerstan-
den oder sich wenigstens für eine Himmelsrichtung entschieden hätten. Daß dies unterblieb, führte zum Verlust der Ostgebiete und zur
Teilung. Aus dem Volk der Mitte wurden zwei Frontstaaten an der
äußersten Peripherie der beiden Großmächte.

Bis in die Zeit des Dritten Reichs wurde die Abfolge der Eini-
gungsversuche Deutschlands als eine zielgerichtete Entwicklung ge-
deutet. Die zusammenhaltenden Kräfte erschienen als hochdeter-
minierte Regelsymptome, die auseinanderführenden Bestrebungen
als normwidrige Ausnahmefälle. Der Abschied von diesem Geschichtsbild spiegelt sich in den Antworten auf die Frage: Was wäre
geschehen, wenn die Westmächte im März 1952 auf die Note Stalins
eingeschwenkt wären, worin dieser die Herstellung eines geeinten
und neutralen, »demokratischen und friedliebenden« deutschen Staates anbot? Nicht nur von den Westalliierten, sondern auch von Adenauer und vielen deutschen Zeitgenossen, die unter dem Eindruck
des Koreakrieges standen, wurde das als Finte abgelehnt, die eine
heimliche Sowjetisierung ganz Deutschlands bezweckte. Diese Spatz-
in-der-Hand-Politik war nach den Taube-auf-dem-Dach-Allüren vor
1945 begreiflich. Die Angst vor den Russen bei den Westdeutschen
und die Angst vor den Gesamtdeutschen bei den Westmächten wirk-

ten zusammen. Dem doppelten Sicherheitsbedürfnis kam Stalins Angebot ungelegen, darum wurde es nicht einmal geprüft. Daß 1952 eine Möglichkeit zur Wiedervereinigung bestand, ist unbestreitbar (Steininger 1985). Unklar waren lediglich die Bedingungen, und diese wären damals leichter festzustellen gewesen als später. Dies unterblieb.

Die Geschichte lehrt: Deutschland ist teilbar. Sie lehrt aber zugleich, daß die Deutschen sich an Teilung und Trennung nicht gewöhnen. Die Rede von der »Unwiderruflichkeit« der deutschen Teilung im Osten war ebenso dumm wie die von der »Unteilbarkeit« Deutschlands im Westen. An eine Stacheldrahtgrenze quer durch ein blühendes Land gewöhnt sich kein Mensch, nicht mal ein Tier. Freiheit heißt Bewegungsfreiheit. Die deutsche Frage blieb offen, solange das Brandenburger Tor geschlossen blieb.

Endgültige Lösungen sind in der Geschichte erst am Jüngsten Tage erkennbar. Ich hielt 1985, in der ersten Auflage dieses Traktats dafür, daß die Wiedervereinigung komme, aber zog in Betracht, daß sie irgendwann wiederum aufgehoben wird usw. Bestimmte Probleme werden in der Geschichte nie gelöst, wohl aber abgelöst durch andere Probleme. Ist doch die Geschichte selbst nichts anderes als die Abfolge der Lösungsversuche. Die Einigung Deutschlands ist vollzogen, die Einigung Europas steht aus. Es gibt keine deutsche Frage mehr – wohl aber eine europäische Aufgabe.

6.8

Das Bild vom Fließgleichgewicht der Geschichte verdeutlicht neben der schwankenden Richtung den Wechsel im Tempo. Die historische Ereignisfolge verläuft nicht gleichmäßig, sondern ruckartig. Auf längere, ruhige Zeiten folgen kürzere, bewegtere Abschnitte, in denen sich die Vorgänge verdichten oder gar überstürzen. Das Bestehende wird in Frage gestellt, Versäumtes verstärkt nachgeholt und wohl auch übereilt. In solch revolutionären Phasen werden alte Schulden beglichen, zugleich aber neue gemacht. Hätte Friedrich Engels erlebt, wie der Letzte Weltkrieg die (freilich längst vorbereitete) Abdankung Europas als Kolonialmacht besiegelt, der Letzte Weltkrieg den (gewiß längst angebahnten) Konflikt zwischen Sozialismus und Kapitalismus gebracht hat, dann hätte er seine Worte vom 21. September 1890 bestätigt gefunden: »Was jeder einzelne will, wird von jedem andern verhindert, und was herauskommt, ist etwas, das keiner gewollt hat. So verläuft die bisherige Geschichte nach Art eines Naturprozesses.« Ob sich das je ändert? Gewaltentscheidungen stellen die Uhr der Geschichte wieder richtig, so lesen wir bei Bismarck. Aber auf die Dauer könnte die Uhr darunter leiden.

Jacob Burckhardt hat die historische Krise als beschleunigte Bewegung beschrieben. Dies weckt das Bild vom gewaltsam gestauten Strom, der nun mit Macht seinen Durchbruch erzwingt. Die Metapher erklärt, wie derartige Katastrophen zu verhindern sind. Wären die Germanen allmählich ins Imperium Romanum eingegliedert worden, hätte es vermutlich keine Völkerwanderung gegeben. Hätte sich die spätmittelalterliche Kirche an Haupt und Gliedern selbst reformiert, so hätten Luther, Zwingli und Calvin keine Chance gehabt. Hätte sich das Ancien Régime in Frankreich und das Zarentum in Rußland beizeiten modernisiert, so wären die nachfolgenden Revolutionen überflüssig geworden. Die eigentlichen Ergebnisse dieser Konvulsionen wird man kaum anderen Möglichkeiten opfern mögen, aber die Härte, in der sie sich durchgesetzt haben, hätte doch wohl abgemildert werden können. Eine strukturelle Unfähigkeit zur rechtzeitigen Reform läßt sich aus dem faktischen Versagen der Verantwortlichen niemals ableiten. Begangene Dummheiten beweisen nie, daß man nicht hätte klüger sein können. Katastrophen bahnen sich an. Der Grund für die mangelhaften Gegenmaßnahmen liegt heute wie immer in der kurzsichtigen Interessenpolitik solcher, die das Sagen haben.

6.9

Quasihistorische Überlegungen, wie es in einzelnen Fällen auch hätte weitergehen können, müssen sich danach ausrichten, wie es realhistorisch weitergegangen ist und wie es gewöhnlich weiterzugehen pflegt. Im Unterschied zur geschehenen Geschichte besitzen die ungeschehenen Geschichten jedoch keinen Zusammenhang in sich, sondern bilden nur eine Art Corona um jene herum, erwachsen als Protuberanzen aus jener heraus und verraten uns etwas über deren Inneres. Aus dem Bemühen um Ungeschehenes erwachsen Einsichten in Geschehenes.

Fragen wir nach dem Verlaufsmuster schlechthin, so zeigt sich die Geschichte als Mixtur aus Tendenzen und Turbulenzen. Ereignisse von hoher Determiniertheit verquicken sich mit unvorhersehbaren Zwischenfällen wie Strömung und Strudel. Kurzläufig zufällige und normlose Erscheinungen sind in mittelfristig gerichtete und geordnete Entwicklungen verflochten. Längst nicht jedes Ereignis verkörpert den zum Zeitpunkt seines Eintretens wahrscheinlichsten unter allen möglichen Fällen. Um dies zu beurteilen, müßten wir die jeweilige Nachgeschichte überblicken. Weil wir dies bei gegenwärtigen Ereignissen nicht können, stehen wir ihnen oft ratlos gegenüber. Wenn Seneca auf dem Forum Romanum barbarischen Sklaven begegnete, boten Blemmyer, Skordisker und Germanen ein ziemlich ähnliches Bild. Und wenn er in ein religiöses Konventikel geriet, dann machte es keinen großen Unterschied, ob es Verehrer des Attis, des Sabazios oder des Christus aus Nazareth waren. Die schwachen, zukunftslosen und die starken, zukunftsträchtigen Elemente wirbelten noch durcheinander. Was unter den gegenwärtigen Einzelerscheinungen in die allgemeine Turbulenz gehört und was eine Tendenzwende anzeigt, ist noch nicht sichtbar.

Die historische Phantasie bedarf der empirischen Plausibilitätskontrolle. Das Maß für das Irreale ist das Reale. Knotenstruktur und Fließgleichgewicht müssen wir auch beim Entwurf von alternativen Entwicklungen berücksichtigen. Das oben gestellte Problem des Scheideweges ist im Sinne des Ausgleichs zu lösen. Wenn wir an einer Gabelstelle den Kurs nach rechts korrigieren, müssen wir ihn an der nächstfolgenden nach links biegen lassen. Die mutmaßlichen Wege ungeschehener Geschichte entfernen sich nicht je länger, desto weiter vom Pfade der wirklichen Entwicklung, sondern oszillieren um deren Leitlinie.

Dieser Gedankengang verführt zur Umkehrung. Oszilliert nicht die reale Entwicklung um die Leitlinie einer idealen Geschichte? Ist nicht das Ideale das Maß für das Reale? Indem wir Ersatzlösungen zur realen Geschichte ersinnen, wird diese selbst als Ersatzlösung zu einer Übergeschichte denkbar. Das Verhältnis zwischen realer Geschichte als Surrogat und idealer Geschichte als Original ist im historischen Idealismus von Leibniz über Humboldt bis Schopenhauer gefaßt worden als Verhältnis von Ausdruck und Sinn, von Erscheinung und Wesen. Zwischen beiden besteht nur scheinbar eine Diskrepanz, wirklich aber eine verborgene Identität. Indem das Ideale hinter dem Realen nicht ohne weiteres erkennbar ist, bedarf es einer

Interpretationsmethode, einer Art Entlarvung oder Entzifferung. Schopenhauer (I 253) verstand die Weltbegebenheiten als eine Buchstabenfolge, deren Text die »Idee des Menschen« ausspricht. Wenn also etwas nicht zu stimmen scheint in der Geschichte, dann liegt das nicht an ihr, sondern an uns, die wir sie nicht begreifen.

Jede Gebrauchsanweisung setzt die Fertigkeit, sie umzusetzen, voraus. Mir fehlt die Gabe, alle Brutalität, alle Niedertracht in der Geschichte als notwendige Mittel zu höheren Zwecken zu erkennen. Ich kann mir unschwer vorstellen, wie es im Einzelfalle hätte schöner sein können. Hieronymus Hammer beschreibt in seiner Geschichte des Kitzinger Bauernmordes, wie sein gnädiger Herr, Herr Markgraf Kasimir von Brandenburg am 9. Juni 1525 befahl, achtundfünfzig aufrührerischen Bürgern die Augen auszustechen: »Das tat Meister Augustin bei Hannsen Marckarts Behausung«. Es folgt die Liste der Namen (Brandt 1922, 53ff.). Wäre reale Geschichte der idealen nicht ein Fußbreit näher, wenn zumindest eines der Opfer, sagen wir der Kannengießer Gilg Sturm, verschont worden wäre? Dies Eingeständnis genügt, um die Lehre von der wirklichen Geschichte als der besten aller möglichen Geschichten zu widerlegen.

Die Vorstellbarkeit einer besseren Geschichte beweist jedoch noch nicht die Vorstellbarkeit der bestmöglichen Geschichte. *In abstracto* mag das gelingen: Wir nehmen alle überflüssige Gewalt, alles entbehrliche Leid aus der Geschichte heraus, streichen die Verirrungen des Menschengeistes und die sogenannten Fehlentwicklungen der Staaten, gleichen die Stockungen und Überstürzungen aus, so daß eine ebenmäßige Entwicklung von höchster Wahrscheinlichkeit und größter Wünschbarkeit entstünde. Der Weg dieser Idealgeschichte wäre die aristotelische Entelechie, das Ziel die platonische Eudaimonie, die Glückseligkeit aller Handelnden.

Die Schwierigkeiten beginnen, wenn wir *in concreto* ans Korrigieren gehen. Daß Markgraf Kasimir die aufsässigen Bürger, die sich ihm auf Gnade und Ungnade ergeben hatten, überhaupt strafen durfte, wird man ihm einräumen müssen. Welche Maßnahmen zur Abstellung von Mißständen gerechtfertigt sind, ist oft schwer zu entscheiden. Die Ereignisfolge, die wir »Geschichte« nennen, ist ja nichts anderes, als eine Folge von Versuchen, die Lebensumstände zu verbessern, Jagd nach *eudaimonia*, ein *pursuit of happiness*. Üblicherweise wird das Glück als Zustand, nicht als Vorgang begriffen, so daß zwar ein idealer Staat, eine ideale Gesellschaft, nicht aber eine ideale Geschichte vorstellbar scheint. Wofern die Menschheit das große Glück anstrebend gedacht wird, ist bloß das nachgeschichtliche Ziel, nicht der geschichtliche Weg ideal. Eine ideale Geschichte erforderte den idealen Menschen. Wie sollte der aussehen?

Konstruieren wir uns ihn aus dem kleinsten gemeinsamen Vielfachen, dann hieße der Idealmensch Hans Dampf und die Eudaimonie wäre nichts anderes als ein animalisches Behagen, das zwar jeder will, in dem es aber niemand lange aushielte. Hinter der Glückseligkeit gähnt die Langeweile, und am Ende ging es zu wie in Auerbachs Keller. Im Wohlsein müßte sich die Bestialität gar herrlich offenbaren.

Entwerfen wir den idealen Menschen hingegen nach dem Bilde seiner höchsten Exemplare, dann böte die schönste aller möglichen Geschichte jenes Bild, das Schopenhauer (I 254) dem Erdgeist entlockte: eine Folge von »vortrefflichsten Individuen«, »herrlichen Kräften«, lauter »Perioden der höchsten Kultur und Aufklärung«. Schopenhauers Trost darüber, daß dieses Ideal dem Menschen vorenthalten wurde, ist die Fähigkeit zum »Blick in das Reich der Möglichkeit«. Diese Fähigkeit ist entwicklungswürdig.

7. Ausblick

Bei Gott! Ist kein Ding unmöglich?
Lukas 1, 37

Nietzsche bemerkte 1874, daß »das Faktum immer dumm ist und zu allen Zeiten einem Kalbe ähnlicher gesehen hat als einem Gotte«. Daran kann kein Moses unter den Historikern etwas ändern. Zum Tempel der Geschichte wird niemand zugelassen, der nicht den Fußfall vor dem Faktum vollzieht. Und selbst jemand, der das Reich der Tatsachen verlassen will, muß, wie wir gesehen haben, der Realität Reverenz erweisen.

Eine solche Geste der Anerkennung erweckt den Eindruck, daß wir der Geschichte Macht oder gar Vernunft zutrauen. Indem ich das Verhältnis zwischen Unregelmäßigkeit im Kleinen und Regelmäßigkeit im Großen metaphorisch damit umschrieb, daß die Geschichte dauernd ihre eigenen »Irrtümer« berichtige, habe ich den Sammelbegriff »Geschichte« personifiziert und seinen Inhalt als Realdialektik gefaßt. Ich habe mich damit einer Hegelei schuldig gemacht und befreie mich von ihr, indem ich auf dem von Hegel eingeschlagenen Wege weitergehe.

7.1

»Wer die Welt vernünftig ansieht, den sieht auch sie vernünftig an.« Dieser Aufforderung Hegels (1831/1961, 51) komme ich gerne nach, bin mir aber des Ergebnisses nicht so sicher. Ist es nicht die in die Welt hineingespiegelte Vernunft, nicht bloß der Herren eigener Geist, der uns da entgegenblickt? Verfügen wir über »die Vernunft«? Sind die Augen der Vernunft nicht mehr als die Brille der Gegenwart? Mit den Augen der Geschichte ergäbe sich vielleicht ein ganz anderes Bild. Die Augen der Geschichte aber sind nicht unsere Augen.

Hegel erhob die Zukunft zur Richterin über die Vergangenheit und setzte die Gegenwart mit der Zukunft gleich. Beides ist bedenklich. Mag ein Apostel der Realität die Geschichte als die Entfaltung des Reichtums an Phänomenen rühmen, so darf ein Anwalt des Möglichen die Geschichte doch auch einmal als den Verarmungsprozeß bedauern, bei dem jedes realisierte Faktum sämtliche Alternativen ausscheidet. Betrachten wir die Geschichte vom Standpunkt der Sieger, so vergessen wir allzuleicht die Opfer, die im Selektionsprozeß vom Möglichen zum Wirklichen gnadenlos ausgemerzt werden. Für eingeborene Hegelianer enden die verwirkten und verworfenen Chancen im Papierkorb des Weltgeists.

Und selbst wenn wir der Zukunft ein Richte-Recht über die Vergangenheit einräumen, so sollten wir doch nicht die Gegenwart zur absoluten Zukunft befördern und als Ende der Geschichte betrachten. Unsere Zeit ist nicht allein die Zukunft unserer Vergangenheit, sondern ebenso die Vergangenheit unserer Zukunft. Auch das Kommende will mit den Augen der Vernunft betrachtet werden.

7.2

Damit ändert sich das Bezugssystem: wir sind nicht mehr Subjekt, sondern Objekt der Historie. Sobald wir aber der Zukunft in die Augen blicken, sehen wir uns selbst angeschaut und wissen nicht wie. Wir müssen nicht nur eine Mehrzahl möglicher Fortentwicklungen, sondern zugleich eine Mehrzahl möglicher Standpunkte zur Betrachtung unserer eigenen Gegenwart in Rechnung stellen. Dabei kommt es wohl vor, daß der Stein, den die Bauleute verworfen haben, zum Eckstein wird.

Wenn wir dann auf unsere Geschichte rückblickend zwischen Haupt- und Nebenwegen, zwischen richtigem und falschem Kurs unterscheiden, so könnte es sich aus der Sicht der Zukunft ergeben, daß wir selbst uns nicht auf dem Hauptweg, sondern irgendwo im Abseits befinden. Der Standpunkt, von dem aus wir Irrwege der bisherigen Geschichte identifizieren, könnte selbst auf einem solchen liegen. Wir können das weder ausschließen, ohne uns zu überschätzen, noch annehmen, ohne uns zu widersprechen.

Aus dem Zustand, in dem wir uns selbst vorfinden, können wir keine sicheren Schlüsse auf die historische Gesamtentwicklung ziehen. Hier müssen wir ohne Hegel, ohne Regel auskommen. Wir sind nicht Ziel der Geschichte, das wäre traurig für die Geschichte. Wir sind nicht Mittel der Geschichte, das wäre traurig für uns. Ziele und Mittel sind Begriffe des Mikrokosmos, die sich auf den Makrokosmos nicht übertragen lassen, ohne ihn auf Menschenmaß zu verniedlichen. Zwischen dem Teil und dem Ganzen gibt es keine Analogie.

7.3

Die geschichtliche Entwicklung läßt Richtungen erkennen. Doch sehen wir solche immer nur innerhalb begrenzter Vorgänge. Eine regelwidrige Gegenwirkung zu einem solchen Prozeß kann sich als regelhaft herausstellen, wenn der Prozeß selbst sich als Gegenbewegung innerhalb eines größeren Ablaufs erweist. Die Unterscheidbarkeit von Wirbel und Strömung setzt einen Standpunkt voraus, der über dem unseren liegt.

Ungeschehene Geschichte gibt es nicht nur in der Vergangenheit, sondern auch in der Zukunft, dort sogar auf zwei jetzt noch ungeschiedenen Ebenen. Auf der einen liegen die Dinge, die noch nicht geschehen sind, aber geschehen werden; auf der anderen jene, die geschehen könnten und doch nicht geschehen werden. Neben der Geschichte, die nicht geschehen ist, gibt es auch Geschichte, die nicht geschehen (sein) wird. Sie aber zeigt sich erst im Plusquamfuturum. Dort müßte stehen, wer urteilen wollte. Aber eine solche Vollendung der historischen Erkenntnis im Schlußmoment der Menschheit bleibt ein Ungedanke. Denn so gewiß unser Bild von der Vergangenheit verfälscht wird durch unser Interesse an der Zukunft, so gewiß würden wir uns ohne diese um jenes nicht bemühen. Die Vergangenheit verliert an Interesse, wenn keine Zukunft mehr bevorsteht. Und selbst wenn jemand es vermöchte, über allen Interessen schwebend der reinen Anschauung zu huldigen, so wie Jacob Burckhardt das am Ende seiner »Weltgeschichtlichen Betrachtungen« aussprach, dann wäre das kein Mensch mehr wie du und ich, und er fände in den geschichtlich Handelnden nicht mehr seinesgleichen wie dich und mich. Überlassen wir die letzten Minuten der Lebensgeschichte dem Erdfloh, so wird dieser die glänzende Gelegenheit, auf die gesamte Komotragödie des Lebens zurückzublicken, ungenutzt verstreichen lassen. Insofern sitzen wir hier und heute, trotz aller Vorläufigkeit, immer noch auf dem besseren Auslug.

7.4

Das Christentum lehrt den Glauben an das Gericht am Ende der Zeiten, da alle Welt ihr Urteil nimmt. Diese Vorstellung ist schon als bloße Denkmöglichkeit heilsam, indem sie menschliches Machwerk als grundsätzlich kritikwürdig unterstellt. Eine solche Kritik aber hat stets die logische Form: »es wäre besser gewesen, wenn ...«, und sie setzt voraus, daß unverwirklichte Alternativen bestanden, die verschmäht worden sind.

Indem wir wie der Schneider im Himmel den goldenen Stuhl des Zeitenrichters erklimmen, erkennen wir den *homo sapiens* als *homo rapiens*. Der Mensch erscheint als Erb- und Erzfeind der Natur. Laufen nicht alle menschlichen Tätigkeiten erst auf Beherrschung, dann auf Unterjochung und zuletzt auf Zerstörung der Umwelt hinaus? Im Augenblick, wo dies für die Natur bedrohlich wird, gibt sie uns die technischen Mittel in die Hand, die Erde vom Menschen zu reinigen. Wir befreien sie von uns. Der wunderschöne deutsche Wald wächst wieder über Berlin zusammen. Hebbel notierte am 3. Januar 1840 in sein Tagebuch: »Der Mensch ist überhaupt ein Geschöpf, das sich selbst zugrunde richten soll«.

7.5

Wie der Mensch im Laufe der Zeit seine eigenen Fehler berichtigt, so könnte auch er selbst samt seiner Geschichte ein korrekturbedürftiger Irrtum der Schöpfung, ein *lapsus naturae,* ein mißratenes Experiment sein. Hätte Jacob Burckhardt damit recht, daß Geschichte vorab Leidensgeschichte sei, so wäre das Finale Furioso eine doppelte Selbstheilung der Natur. Ist der Mensch vom *morbus historicus* genesen, wird auch die Welt vom *morbus humanus* geheilt.

Alle biologischen Arten besitzen nur eine begrenzte Lebensdauer. Den anderthalb Millionen heute lebender Spezies stehen sicher Hunderte, vielleicht Tausende von Millionen ausgestorbener gegenüber (Kaplan 1989). Selbst das Leben insgemein ist nur ein momentaner Wirbel im Zeitstrom der Entropie. Das Ende im Großen kündigt sich an durch das Ende im Kleinen. Jedes Erdbeben, jeder Vulkanausbruch, jede Dürre erscheint aus der Sicht der Lebenden als ein Betriebsunfall der Natur. Theologisch gesehen offenbart darin der Gott Hiobs seine Allmacht, die uns an unsere Nichtswürdigkeit gemahnt. Naturwissenschaftlich betrachtet zeigt sich darin der Triumph der Physik über die Biologie. Vielleicht ist der Tod auf allen Ebenen das Mittel, mit dem sich der Naturlauf normalisiert.

7.6

Die Einsicht in die Geschichtlichkeit entspringt einer doppelten Wurzel: dem Erlebnis des Werdens und der Kunst des Machens. Daraus erwächst uns die Fähigkeit, hinter alles Wirkliche zurückzublicken, über alles Bestehende hinauszudenken. Ungeschehenes können wir uns geschehend, Geschehenes ungeschehen vorstellen. So erscheint uns die Ruhe, das Nichts als ursprünglich, die Bewegtheit dagegen, das Wirkliche als erklärungsbedürftig. Wer will, mag dann mit der Bibel die Welt als Werk Gottes betrachten oder sie in Anlehnung an Lucrez (II 217ff.) auf den regelwidrigen Schlenker *(clinamen)* eines Ur-Teilchens zurückführen. Sie ruht in und durch sich selbst begrenzt im Unbegrenzten. Die Geschichte des Kosmos zwischen Urknall und Wärmetod wird zum unvorhergesehenen Ausnahmefall, zur Sternschnuppe im Zeitenhimmel des Nirwana.

»Da ich aber ansah alle meine Werke, die meine Hand getan hatte, und Mühe, die ich gehabt hatte, siehe, das war es alles eitel und Haschen nach Wind und kein Gewinn unter der Sonne«. Ganz recht, Salomon! Unser Tun ist vergänglich und führt zu nichts. Aber auch die Welt ist vergänglich und führt zu nichts. Also finden wir uns handelnd im Einklang mit der Schöpfung. »So sah ich denn, daß nichts Besseres ist, denn daß der Mensch fröhlich sei in seiner Arbeit, denn das ist sein Teil.«

7.7

Mein Plädoyer ist zu Ende. *Sapienti sat.* Die historische Phantasie öffnet die Zwanghaftigkeit des Wirklichen in die Freiheit des Gedankens. Die Realität entpuppt sich als bloße Kostprobe des grundsätzlich Realisierbaren, sie erscheint als der zufällige Griff in den unschätzbaren Schatz der Schicksalsurne, sie offenbart sich als Botschaft aus einer Überwelt, in die wir nur durch den Türspalt des Gegebenen hineinlugen können. Die dort ruhenden unverwirklichten Möglichkeiten können wir zwar nur ahnen, aber das immerhin. Wenn wir uns diese Ahnung durch Kritizismus abziehen, verarmt unser Geschichtsverständnis um eine ganze Dimension. Denn um den zahlbaren Preis verminderter Blickschärfe sehen wir das Geschehene in den großen Rahmen des Ungeschehenen gestellt.

Die Zahl der möglichen Ereignisse verhält sich zu derjenigen der wirklichen wie Tausend zu Null-Komma-Josef. Für die ersten vier

Züge eines Schachspiels gibt es dreihundertachtzehn Milliarden, neunhundertneunundsiebzig Millionen und fünfhundertvierundsechzig Tausend (in Ziffern: 318 979 564 000) erlaubte Züge. Jeder weitere potenziert die Potentialitäten. Und doch bleiben am Ende nur fünf Möglichkeiten übrig: Matt und Patt für Weiß oder Schwarz und Remis.

Die Vielfalt des Denkbaren verdient das Nachdenken. Das Wirkliche bildet eine Insel, einen Archipelagus im Ozean des Möglichen. So unsicher alles Navigieren auf ihm bleibt, so klar wird dem, der sich nur ein Stück weit hinaustraut und zurückblickt, die Borniertheit, die im Genügen am Realen liegt. Er wird sich über die Realität und die Realisten wundern, über die geschehende, wie über die ungeschehende Geschichte.

Der Gedanke, das Entwerfen,
die Gestalten, ihr Bezug,
eines wird das andre schärfen,
und am Ende sey's genug!

Literatur

Unten aufgelistet werden solche Titel, deren Abkürzung im Text schwer zu entschlüsseln wäre. Wo das einfach ist, sind sie nur oben genannt. Antike Autoren und andere Klassiker sind hier nicht verzeichnet, Sammelwerke erscheinen nur als solche. Bei doppelten Jahresangaben bezeichnet die erste die Originalpublikation, die zweite die benutzte Ausgabe.

[Abulfeda]: Récueil des histoires des croisades publié par les soins de l'Académie des inscriptions et Belles Lettres. Historiens orientaux, 1, Paris 1872.

Adenauer, K.: Erinnerungen 1945–1953, 1965.

Amery, C.: An den Feuern der Leyermark, [Roman], 1979.

–: Du bis Orplid mein Land. Überlegungen eines Autors von Alternativwelten, in: K. Burmeister/K. Steinmüller (Hg.), Streifzüge ins Übermorgen. Science Fiction und Zukunftsforschung (1992), S. 267-280.

Barnick, J.F.: Deutschlands Schuld am Frieden, 1965.

Bebel, A.: Schriften 1862–1913, 11, hg. von C. Stephan, 1981.

Beloch, K.J.: Griechische Geschichte, II 1, ²1914.

Bengtson, H.: Griechische Geschichte, 1950/1960.

Berthold, W.: Die 42 Attentate auf Adolf Hitler, 1981.

Bismarck, O. v.: Gedanken und Erinnerungen, 1913, [zitiert GE].

Blinzler, J.: Der Prozeß Jesu. Das jüdische und das römische Gerichtsverfahren gegen Jesus Christus auf Grund der ältesten Zeugnisse dargestellt und beurteilt, 1969.

Bloch, M.: Apologie der Geschichte oder der Beruf des Historikers, 1949/1985.

Blum, R.: Kallimachos und die Literaturverzeichnung bei den Griechen, 1977.

Borden, M./Graham, O.L. (Hg.): Speculations on American History, 1977.

Borries, B. v.: Imaginierte Geschichte. Die biografische Bedeutung historischer Fiktionen und Phantasien, 1996.

Brandi, K.: Kaiser Karl V. Werden und Schicksal einer Persönlichkeit und eines Weltreiches, 1937/1961.

Brandt, O.H. (Hg.): Der Bauernkrieg in zeitgenössischen Schilderungen, 1922.

Brehm, A.: Tierleben, 1891.

Brodersen, K. (Hg.): Virtuelle Antike. Wendepunkte der Alten Geschichte, 2000.

Burckhardt, J.: Die Zeit Constantins des Großen, 1853/1950.

–: Napoleon I. nach den neuesten Quellen (1881), in: Ders., Kulturgeschichtliche Vorträge (o.J.), S. 134-162.

–: Weltgeschichtliche Betrachtungen, 1868/1935.

Burg, P.: Die Funktion kontrafaktischer Urteile am Beispiel der Bauernkriegsforschung, in: Geschichte in Wissenschaft und Unterricht 34 (1983),
S. 768ff.

–: Kontrafaktische Urteile in der Geschichtswissenschaft – Formen und In-
halte, in: Archiv für Kulturgeschichte 79 (1997), S. 211ff., und: Geschichte
und Gegenwart 16 (1997), S. 135ff.

Bury, J.B.: Cleopatra's Nose (1916), in: Ders., Selected Essays, 1964, S. 60ff.

Cajani, L.: Die Zeitmaschine. Anmerkungen zu einem Benutzerhandbuch, in:
M. Salewski, 1999, S. 54-63.

Carrère, E.: Kleopatras Nase. Eine kleine Geschichte der Uchronie, 1986/
1993.

Cartellieri, A.: Weltgeschichte als Machtgeschichte, 1927.

Charles-Picard, G.: Hannibal, 1967.

Christ, K. (Hg.): Hannibal, 1974.

Churchill, W.: Great Fighters in Lost Causes, in: The Strand Magazin 85 (1933),
S. 246-255.

–: Wenn Lee die Schlacht von Gettysburg nicht gewonnen hätte (1932), dt.
von H. Hamecher, 1993.

Cowley, R. (Hg.): The Road not Taken, in: The Quarterly Journal of Military
History 10 (1997/98), S. 65ff.

– (Hg.): What if? The world's foremost military historians imagine, what
might have been, 1999.

Croce, B.: Die Geschichte als Gedanke und als Tat, 1938/1944.

Dannenbauer, H.: Die Entstehung Europas, II, 1962.

Demandt, A.: Geschichte als Argument. Drei Formen politischen Zukunfts-
denkens im Altertum, 1972.

–: Metaphern für Geschichte. Sprachbilder und Gleichnisse im historisch-
politischen Denken, 1978.

–: Was heißt »historisch denken«?, in: Geschichte in Wissenschaft und Unterricht 30 (1979), S. 463-478.

–: Der Fall Roms. Die Auflösung des römischen Reiches im Urteil der Nachwelt, 1984.

–: Geschehene und ungeschehene Geschichte. Historische Perspektiven zur
deutschen Frage, in: Die politische Meinung 220 (1985), S. 14-23.

–: Eduard Meyer und Oswald Spengler. Läßt sich Geschichte voraussagen?
In: W.M. Calder/A. Demandt (Hg.), Eduard Meyer. Leben und Leistung
eines Universalhistorikers, 1990, S. 159ff.

–: Zur Trichterstruktur historischer Prozesse, in: Weyma Lübbe (Hg.), Kausalität und Zurechnung. Über Verantwortung in komplexen kulturellen
Prozessen, 1994, S. 265ff.

–: Die Nase der Kleopatra und der Lauf der Geschichte, in: Süddeutsche
Zeitung, 18.11.1994, S. 2.

–: Wenn Hitler gewonnen hätte ..., in: Tango, 27.4.1995, S. 20ff.

–: Das Attentat in der Geschichte, 1996.

–: Statt Rom. Ein historisches Gedankenspiel, in: Quaderni di storia 44 (1996), S. 71ff.

–: Hände in Unschuld. Pontius Pilatus in der Geschichte, 1999.

Droysen, J.G.: Historik, 1858/1937.

–: Texte zur Geschichtstheorie, hg. von G. Britsch/J. Rüsen, 1972.

Edel, A.: Planspiele im Geschichtsunterricht. Ein Arbeitsbericht, in: Geschichte in Wissenschaft und Unterricht 50 (1999), S. 321ff.

Erdmann, K.D.: Historische Prognosen, rückblickend betrachtet, in: E. Burck (Hg.), Die Idee des Fortschritts, 1969, S. 59ff.

– /Schulze, Hagen (Hg.): Weimar. Selbstpreisgabe einer Demokratie, Eine Bilanz heute, 1979.

Erdmannsdörffer, B.: Mirabeau, 1900.

Esch, A.: Überlieferungschance und Überlieferungszufall als methodisches Problem des Historikers, in: Historische Zeitschrift 240 (1985), S. 529-570.

–: Geschichte im Entstehen, in: Frankfurter Allgemeine Zeitung, 14. Juli 1999.

Ferguson, N. (Hg.): Virtuelle Geschichte. Historische Alternativen im 20. Jahrhundert, 1997/1999.

Fest, J.: Hitler. Eine Biographie, 1973.

Finley, M.: The Ancient Economy, 1973/1979.

Flechtheim, O.: Der Kampf um die Zukunft. Grundlagen der Futurologie, 1980.

Fontane, Th.: Sämtliche Werke, IV, 1973, [zitiert SW].

Franz, G.: Der deutsche Bauernkrieg, 1933/1977.

Frisch, M.: Biografie: Ein Spiel, 1967.

Fröbel, J.: Ein Lebenslauf, I, 1890.

Fuchs, W.P.: Das Zeitalter der Reformation, in: B. Gebhardt, Handbuch der deutschen Geschichte, II, [8]1955/1956, S. 1-104.

Fuller, J.F.C.: The Decisive Battles of the Western World and Their Influence Upon History, I-III, 1954–1956.

Gardiner, P. (Hg.), Theories of History, 1959.

Geyer, D.: Die Russische Revolution, 1968/1980.

Gibbon, E.: The History of the Decline and Fall of the Roman Empire, 1776ff.

Gregorovius, F.: Historische Skizzen aus Korsika (1854), 1954.

Grzimek, B.: Tierleben, 1969.

Hacker, B.C./Chamberlain, G.B.: Pasts That Might Have Been. An Annotated Bibliography of Alternate History, in: Extrapolation 22/4 (1981), S. 334-378.

Haffner, S.: Anmerkungen zu Hitler, 1978.

–: Im Schatten der Geschichte, 1985.

Haller, J.: Die Epochen der deutschen Geschichte, 1928.

Hampe, K.: Deutsche Kaisergeschichte in der Zeit der Salier und Staufer, [6]1929.

–: Geschichte Konradins von Hohenstaufen, [3]1942.

Hawthorn, G.: Die Welt ist alles, was möglich ist. Über das Verstehen der Vergangenheit, 1991/1994.

Hegel, G.W.F.: Vorlesungen über die Philosophie der Geschichte, 1831/1961.

–: Sämtliche Werke, hg. von H. Glockner, 1927ff., [zitiert SW mit Band].

Heimann-Störmer, U.: Kontrafaktische Urteile in der Geschichtsschreibung. Eine Fallstudie zur Historiographie des Bismarck-Reiches, 1991.

Heisenberg, W.: Der Teil und das Ganze. Gespräche im Umkreis der Atomphysik, 1961/1981.

Helbig, J.: Der parahistorische Roman. Ein literarhistorischer und gattungstypologischer Beitrag zur Allotopieforschung, 1988.

Herder, J.G.: Ideen zur Philosophie der Geschichte der Menschheit, III, 1787.

Hoffmann, W.: Hannibal, 1962.

Hoyos, B.D.: Hannibal – What Kind of Genius?, in: Greece and Rome 30 (1983), S. 171-180.

Humboldt, W. v.: Werke in fünf Bänden, hg. von A. Flitner/K. Giel, 1980.

Jäckel, E.: Wenn der Anschlag gelungen wäre, in: J.J. Schultz (Hg.), Der Zwanzigste Juli. Alternative zu Hitler?, 1974, S. 69-76.

Jünger, E.: Eumeswil, 1977.

Kaplan, R.W.: Organismenvielfalt und unser Weltbild, in: Naturwissenschaftliche Rundschau 42 (1989), S. 354ff.

Kessler, H. Graf: Tagebücher 1918–1937, 1961/1979.

Kircheisen, F.M.: Napoleon. Der Feldherr, Staatsmann und Mensch in seinen Werken, 1907.

Kries, J. v.: Über den Begriff der objektiven Möglichkeit und einige Anwendungen desselben, in: Vierteljahresschrift für wissenschaftliche Philosophie 12 (1888), S. 179-240, S. 287-323 und S. 393-428.

Lasaulx, E. v.: Verschüttetes deutsches Schrifttum. Ausgewählte Werke 1841–1860, neu hg. und eingeleitet von Dr. H.E. Lauer, 1925.

Lehmann, G.A.: Politische Reformvorschläge in der Krise der späten römischen Republik. Cicero, De legibus 3 und Sallusts Sendschreiben an Caesar, 1980.

Lévi-Provençal, E.: Histoire de l'Espagne musulmane, I, 1950.

Lidell Hart, B.H.: Warum lernen wir denn nicht aus der Geschichte?, 1944/1946.

Longmate, N.: If Britain Had Fallen, 1972.

Markl, H.: Goethe und Darwin. Ökonomie oder Harmonie der Natur, in: Jahrbuch des Freien Deutschen Hochstifts 1984, S. 88-112.

Marx, K.: Die Geschichte der Geheimdiplomatie des 18. Jahrhunderts. Über den asiatischen Ursprung der russischen Despotie (1856/1857), deutsche Erstausgabe 1977.

Meier, Ch.: Res Publica Amissa, 1966/1980.

–: Historiker und Prognose, in: Über die Offenheit der Geschichte. Kolloquium der Mitglieder des Historischen Kollegs München 20. und 21. November 1992, S. 45ff.

Merkelbach, R.: Mithras, 1984.

Merton, R.K.: Singletons and Multiples in Scientific Discovery, in: Proceedings of the American Philosophical Society 105 (1961), S. 470-486.

Meyer, Ed.: Geschichte des Altertums, IV, 1900/1944.

Michelet, J.: Oeuvres completes, II, 1972.

Mitchell, J. B./Creasy, E.S.: Zwanzig entscheidende Schlachten der Weltgeschichte, 1851/1969.

Moltke, H. v.: Gesammelte Schriften und Denkwürdigkeiten, VII, 1892.

Mommsen, Th.: Römische Geschichte, I, 1854/1919; V 1885, [zitiert RG].

−: Römische Kaisergeschichte. Nach den Vorlesungsmitschriften von Sebastian und Paul Hensel 1882/1886, hg. von Barbara und Alexander Demandt, 1992.

−: Reden und Aufsätze, 1905, [zitiert RA].

Montesquieu, Ch. de: Considérations sur les causes de la grandeur des Romains et de leur décadence, 1734.

[Mussolini, B.]: Emil Ludwig, Colloqui con Mussolini, 1932.

Nesselrath, H.G.: Ungeschehenes Geschehen. Beinahe-Episoden im griechischen und römischen Epos von Homer bis zur Spätantike, 1992.

Nietzsche, F.: Vom Nutzen und Nachteil der Historie für das Leben, 1874.

−: Werke, IV.1, hg. von Colli/Montinari, 1967.

Nipperdey, Th.: Deutsche Geschichte 1800–1866, 1983.

Parker, G.: If the Armada Had Landed, in: History 61 (1976), S. 358-368.

[Paul, J.]: Blumen-, Frucht- und Dornenstücke aus Jean Paul's Werk, gesammelt von Richard Benz, I-III, 1924.

Pfister, F.: Der Alexanderroman, 1978.

Pirenne, H.: Geburt des Abendlandes, 1935/1941.

Plechanow, G.W.: Über die Rolle der Persönlichkeit in der Geschichte, [1898], dt. Ausgabe o.J.

Press, V./Stievermann, D. (Hg.): Alternativen zur Reichsverfassung in der Frühen Neuzeit?, 1995.

Radecki, S. v.: Das historische Wenn, in: Ders., Der runde Tag, 1947, S. 26ff.

Ranke, L. v.: Sämtliche Werke 49/50, 1887.

−: Geschichte der romanischen und germanischen Völker von 1494 bis 1514, 1824.

−: Deutsche Geschichte im Zeitalter der Reformation, I, 1847/1957.

−: Über die Epochen der neueren Geschichte, 1854/1917.

Renan, E.: Marc-Aurèle et le fin du monde antique, 1882.

Renouvier, Ch.: Uchronie. L'Utopie dans l'histoire. Esquisse historique apocryphe du développement de la civilisation européenne tel qu'il n'a pas été, tel qu'il aurait pu être, 1857/1988.

Runge, N.: Das verbotene Preußen. Perspektiven zur deutschen Vergangenheit und Zeitgeschichte, 1977.

Sachsse, H.: Kausalität − Gesetzlichkeit − Wahrscheinlichkeit, 1979.

174

Saint-Evremond, Ch. de: Réflexions sur les divers génies du peuple romain dans les différents temps de la republique, 1663.

Salewski, M.: Andere Welten, andere Geschichte: Verheißung oder Drohung?, in: K. Burmeister/K. Steinmüller (Hg.), Streifzüge ins Übermorgen. Science Fiction und Zukunftsforschung, 1992, S. 33-66.

- (Hg.): Was Wäre Wenn. Alternativ- und Parallelgeschichte: Brücken zwischen Phantasie und Wirklichkeit, 1999.

Sarrazin, Th.: Ökonomie und Logik der historischen Erklärung, 1974.

Schieder, Th.: Vom Deutschen Bund zum Deutschen Reich, in: B. Gebhardt, Handbuch zur Deutschen Geschichte, III, [8]1960, S. 95-193.

Schiller, F. v.: Was heißt und zu welchem Ende studiert man Universalgeschichte [1789], in: Ders., Sämtliche Werke, IX, 1844, S. 224ff.

Schmitt, C.: Donoso Cortés, 1950.

Schopenhauer, A.: Sämtliche Werke. Großherzog Wilhelm-Ernst-Ausgabe, 1905ff., [zitiert nach Bänden].

Schwendter, R.: Zur Geschichte der Zukunft, 1982.

»Seestern« [F. Grautoff, Neunzehnhundertsechs], 1905.

Shirer, W.L.: If Hitler had won World War II, in: Look 19.XII.1961, S. 28-43.

Simon, K.: Wie ähnlich sind eineiige Zwillinge?, in: Naturwissenschaftliche Rundschau 35 (1982), S. 22-25.

Snowman, D. (Hg.): If I had been... Ten Historical Fantasies, 1979.

Speer, A.: Erinnerungen, 1969.

Spinrad, N.: Der stählerne Traum [Science Fiction], 1972/1981.

Squire, J.S. (Hg.): If it had happened otherwise, 1932/1972, [dt. 1984].

Steiniger, R.: Eine vertane Chance. Die Stalin-Note vom 10. März 1952 und die Wiedervereinigung, 1985.

Steinmüller, K.: Zukünfte, die nicht Geschichte wurden. Zum Gedankenexperiment in Zukunftsforschung und Geschichtswissenschaft, in: M. Salewski, 1999, S. 43-53.

Strasburger, H.: Umblick im Trümmerfeld der griechischen Geschichtsschreibung, in: Historiographia Antiqua (Festschrift W. Peremans), 1977, S. 3-52.

Suerbaum, W.: Am Scheideweg zur Zukunft. Alternative Geschehensabläufe bei römischen Historikern, in: Gymnasium 104 (1997), S. 36ff.

-: »Si fata paterentur«. Gedanken an alternatives Handeln in Vergils Aeneis, in: A.E. Radke (Hg.), Candide iudex. Beiträge zur augusteischen Dichtung. Festschrift für W. Wimmel zum 75. Geburtstag, 1998, S. 353ff.

Tellenbach, G.: Ungeschehene Geschichte und ihre heuristische Funktion, in: Historische Zeitschrift 258 (1994), S. 297ff.

Tetlock, Ph.E./Belin, A. (Hg.): Counterfactual Thought Experiments in World Politics, 1996.

Toynbee, A.J.: Der Gang der Weltgeschichte, 1946/1950.

-: If Alexander the Great Had Lived On, in: Ders., Some Problems of Greek History, 1969, S. 441ff

Trevor-Roper, H.R.: Die verschollenen Krisenmomente der Geschichte, in: Merkur 486 (1989).

Trotzki, L.: Tagebuch im Exil, 196.2

Walser, G.: Zur Beurteilung der Perserkriege in der neueren Forschung, in: Schweizer Beiträge zur allgemeinen Geschichte 17 (1959), S. 219-240.

Weber, M.: Kritische Studien auf dem Gebiet der kulturwissenschaftlichen Logik [1906], in: Ders., Gesammelte Aufsätze zur Wissenschaftslehre, 1968, S. 215-290.

–: Der Sinn der »Wertfreiheit« der soziologischen und ökonomischen Wissenschaften [1917], in: Ders., Gesammelte politische Schriften, ²1958, S. 489-540

–: Deutschland unter den europäischen Weltmächten [1916], in: Ders., Gesammelte politische Schriften, ²1958, S. 152-172.

–: Jugendbriefe, 1936.

Weizsäcker, C.F. v.: Über die Kunst der Prognose (1968), in: A. Toffler, Kursbuch ins dritte Jahrtausend, 1973, S. 187-205.

–: Wahrnehmung der Neuzeit, 1983.

Weizsäcker, V. v.: Diesseits und Jenseits der Medizin, 1950.

Wells, C.M.: The German Policy of Augustus, 1972.

Wiesflecker, H.: Kaiser Maximilian I., IV, 1981.

Winterhager, F.: Bauernkriegsforschung, 1981.

Wittgenstein, L.: Tractatus logico-philosophicus, 1921/1960.

Zacher, A.: Der Begriff des »ungelebten Lebens« im Werk Viktor von Weizsäckers, Psychotherapie 34 (1984), S. 237-241.

Zanker, P.: Forum Augustum, 1972.

Zimmermann, W.: Geschichte des Großen Bauernkrieges. 1841/1939.

Zoepffel, R.: Die erfundene Vergangenheit oder: Wie wissen wir Historiker, was wir zu wissen glauben?, in: H.-D. Ebbinghaus/G. Vollmer (Hg.), Denken unterwegs. Fünfzehn metawissenschaftliche Exkursionen, 1992, S. 223-236.

Zweig, S.: Sternstunden der Menschheit, 1927.

Register

KLEINE REIHE – Neuerscheinungen zu Geschichte und Politik

4028: Edgar Wolfrum
Geschichte als Waffe
Vom Kaiserreich bis zur Wiedervereinigung

2001. 176 Seiten, kartoniert
ISBN 3-525-34028-1

Edgar Wolfrum schildert den Wettstreit der Erinnerungen und den politischen Kampf um Geschichtsbilder vom Kaiserreich bis zum wiedervereinigten Deutschland.

4027: Heimo Hofmeister
Der Wille zum Krieg oder die Ohnmacht der Politik
Ein philosophisch-politischer Traktat

2001. 160 Seiten, kartoniert
ISBN 3-525-34027-3

In diesem Band setzt sich Heimo Hoffmeiter mit dem Krieg als Thema philosophischen Denkens auseinander.

4026: Michael F. Feldkamp
Pius XII. und Deutschland
2000. 236 Seiten, kartoniert
ISBN 3-525-34020-5

Michael F. Feldkamp beschreibt die wechselseitigen Beziehungen zwischen Pius XII. und Deutschland in einem umfassenden Zusammenhang.

4021: Dietrich Beyrau
Schlachtfeld der Diktatoren
Osteuropa im Schatten von Hitler und Stalin

2000. 158 Seiten, kartoniert
ISBN 3-525-34021-4

Dietrich Beyrau stellt in diesem Band Hitlers Vernichtungskrieg und Stalins Säuberungen in Ost- und Ostmitteleuropa einander gegenüber.

4017: Anselm Doering-Manteuffel
Wie westlich sind die Deutschen?
Amerikanisierung und Westernisierung im 20. Jahrhundert

1999. 160 Seiten, kartoniert
ISBN 3-525-34017-6

Anselm Doering-Manteuffel behandelt die verschiedenen Ausprägungen der Westorientierung nach dem Zweiten Weltkrieg.

V&R
Vandenhoeck & Ruprecht

Deutsche Geschichte

Taschenbuchausgabe in 10 Bänden.
Herausgegeben von Joachim Leuschner

Band 1: Josef Fleckenstein
**Grundlagen und Beginn
der deutschen Geschichte**
3., durchges. und bibl. erg. Auflage
1988. 259 Seiten, kart.
Kleine Vandenhoeck-Reihe 1397
ISBN 3-525-33548-2

Band 2: Horst Fuhrmann
**Deutsche Geschichte
im hohen Mittelalter**
Von der Mitte des 11. bis zum Ende
des 12. Jahrhunderts.
3., durchges. und bibl. erg. Auflage
1993. 277 Seiten, kart.
Kleine Vandenhoeck-Reihe 1438
ISBN 3-525-33589-X

Band 3: Joachim Leuschner
**Deutschland im späten
Mittelalter**
2., durchges. und bibl. erg. Auflage
1983. 252 Seiten, kart.
Kleine Vandenhoeck-Reihe 1410
ISBN 3-525-33492-3

Band 4: Bernd Moeller
**Deutschland im Zeitalter
der Reformation**
4., durchges. und bibl. ern. Auflage
1999. 224 Seiten, kart.
Kleine Vandenhoeck-Reihe 1432
ISBN 3-525-33462-1

Band 5: Martin Heckel
**Deutschland im
konfessionellen Zeitalter**
1983. 277 Seiten, kart.
Kleine Vandenhoeck-Reihe 1490
ISBN 3-525-33483-4

Band 6: Rudolf Vierhaus
**Deutschland im Zeitalter des
Absolutismus (1648–1763)**
2., durchges. und bibl. erg. Auflage
1984. 234 Seiten, kart.
Kleine Vandenhoeck-Reihe 1439
ISBN 3-525-33504-0

Band 7: Karl Otmar Freiherr v. Aretin
**Vom Deutschen Reich
zum Deutschen Bund**
2., erg. Auflage 1993. 221 Seiten,
kart. Kleine Vandenhoeck-Reihe 1455.
ISBN 3-525-33583-0

Band 8: Reinhard Rürup
**Deutschland im
19. Jahrhundert 1815–1871**
2., durchges. und bibl. erg. Auflage
1992. 274 Seiten, kart.
Kleine Vandenhoeck-Reihe 1497
ISBN 3-525-33584-9

Band 9: Hans-Ulrich Wehler
**Das Deutsche Kaiserreich
1871–1918**
7., bibl. erg. Auflage 1994. 292 Seiten,
kart. Kleine Vandenhoeck-Reihe 1380.
ISBN 3-525-33542-3

Band 10: Gerhard Schulz
**Deutschland seit dem Ersten
Weltkrieg 1918–1945**
2., durchges., bibl. erg. Auflage 1982.
265 Seiten, kart. Kleine Vandenhoeck-
Reihe 1419. ISBN 3-525-33472-9

V&R

Vandenhoeck
& Ruprecht